本书编写人员

主　　编： 冯江平

副 主 编： 叶存春　张素娟

编写人员：（以姓氏笔画为序）

张　莉　张名源　张巧玲

张　智　陈　虹　周　波

灾害现场人员的
自我心理调节

Zaihai xianchang renyuan
de ziwo xinli tiaojie

主　编　冯江平
副主编　叶存春　张素娟

暨南大學出版社
JINAN UNIVERSITY PRESS
中国·广州

图书在版编目（CIP）数据

灾害现场人员的自我心理调节/冯江平主编．—广州：暨南大学出版社，2011.3
ISBN 978－7－81135－640－3

Ⅰ.①灾…　Ⅱ.①冯…　Ⅲ.①灾害—心理保健　Ⅳ.①B845.67　②R161

中国版本图书馆 CIP 数据核字(2010)第 176148 号

出版发行：暨南大学出版社

地　　址：中国广州暨南大学
电　　话：总编室（8620）85221601
　　　　　营销部（8620）85225284　85228291　85228292（邮购）
传　　真：（8620）85221583（办公室）　85223774（营销部）
邮　　编：510630
网　　址：http：//www.jnupress.com　http：//press.jnu.edu.cn

排　　版：广州市天河星辰文化发展部照排中心
印　　刷：佛山市浩文彩色印刷有限公司

开　　本：787mm×1092mm　1/16
印　　张：9.125
字　　数：127 千
版　　次：2011 年 3 月第 1 版
印　　次：2011 年 3 月第 1 次
印　　数：1—5500 册

定　　价：19.80 元

目　录

前　言

灾害是不以人的意志为转移而存在的一种客观现象。经历了灾害的人们，不仅要承受与亲人的生离死别，也要承受物质财产上的重大损失，还可能会因受到强烈的心理冲击，留下看不见的心理创伤。

不只是灾害发生地区的受灾者，还有那些奔赴灾区的救灾者以及灾区周边的居住者等，都可能由于受到强烈的惊吓和刺激，从而处于一种非正常的心理状态。如果不及时治疗，就容易产生灾后综合征，对人们今后的生活和工作造成严重影响，扰乱正常的行为和生活，加剧灾后社会秩序的混乱。

国外对灾害心理的研究与心理创伤的援助，在 20 世纪 60 年代末就逐渐展开了。1999 年，联合国开展减灾十年活动以来，更是取得了突破性的进展。但我国大陆地区在这方面起步较晚，直到 1994 年的新疆克拉玛依重大火灾发生后，才首次开展了灾后心理创伤的心理干预工作。但那时还没有灾后心理援助的概念，只是由于当地医院发现许多死难者家属和一些重伤员出现了很多心理问题，不得不报请卫生部，请专业的心理医生到现场支援，而这样的援助已是在火灾发生 20 多天后了。其后，在 1998 年的张北地震、2002 年的大连“5・7 空难”以及后来的洛阳火灾和石家庄爆炸案等灾难中，也仅是出现了少数几位心理学工作者的身影。

2003 年的 SARS 事件，针对患者出现的一系列心理行为问题以及普通人群中出现的恐慌情绪、抢购行为、听信和传播恐怖传言等问题，在中后期的医疗救治中增加了心理、精神药物干预。同时，通过宣传册、媒体进行心理健康知识宣传等，取得了较好的效果。2008 年 5 月的汶川大地震中，我国开展了迄今为止最大规模的灾害心理援助活动。据估计，大地震发生后的两周内，以心理援助名义参加抗震救灾的人数达 3 000 多人；抗震救灾期间到达灾区的各种形式的心理援助队达 500 余支。不过，由于我国这方面的工作刚刚起步，受过专业训练的心理援助人员还很少，政府也缺乏相应的应急管理经验。因此，灾害心理研究水平的提高、灾害心理援助活动的完善，还有一段较长的路要走。

本书是我们承担的 2008 年云南省“科技发展战略与科技政策研究”（软科学）重点项目“云南省灾害心理援助应急机制研究”的成果之一。课题组全体成员精诚团结、密切合作，经过不懈努力，不仅完成了国内首份省级“突发事件心理援助应急预案”（草案）以及“心理援助应急管理机制”的研究与编写工作，成立了“云南师范大学灾害心理研究与援助中心”（国内目前还很少的专门研究灾害心理及其援助问题的研究机构）；同时，也为读者奉献了这部尚待完善的著作。

灾害发生地及其周边地区，往往是大面积的、集中的、较为严重的心理创伤的多发地。灾害发生之时，除了需要大量的心理专业人员到达灾区帮助群众进行心理援助之外，还需要灾区的所有人群了解和掌握心理创伤预防与自我调节的知识和方法。

本书主要探讨了灾害可能给人们造成的各种心理伤害，介绍了对心理创伤进行自我评估和了解，并加以自我调节的知识与方法。全书共五个部分，分别阐述了灾害与人的灾害心理反应；急性应激障碍、创伤后应激障碍的形成机理与自我调节；灾后心理创伤的自我评估与调节；不同受灾群体的心理反应与自我心理调节；不同类型救援者的心理反应与自我心理调节。希望通过本书，能够宣传、普及和发展灾害心理自我调节的知识与方法，从而使灾害中受到心理伤害的人们能够战胜困难，渡过危机，尽快得到心理的康复！

冯江平

2011 年 1 月

第一章　灾害与人的灾害心理反应

第一节　灾害及其特征

一、什么是灾害

灾害是指一切对自然环境、人类社会造成危害和破坏，尤其是造成人员和财产损失的现象与过程。灾害主要是由致灾因素（事件）与易损性因素（脆弱性）共同作用造成的。致灾因素是造成生命损失、财产损失和环境破坏的可能的威胁事件，是形成灾害的主要原因，共有三大类：

（1）自然因素。如突发性的台风、大暴雨、泥石流、火山爆发、地震等，以及缓慢性的干旱、沙漠化等，其造成的灾害称为自然灾害。

（2）技术因素。如火灾、爆炸、交通事故、环境和农作物污染等，其造成的灾害称为人为灾害。

（3）社会因素。如战争、骚乱、凶杀、恐怖活动等，其造成的灾害称为社会灾害。

当然，广义上，技术因素也属于社会因素。所以，灾害也就可以分为两大类：自然灾害与社会灾害。

易损性因素是指能引发灾害的事件的敏感程度，也称脆弱性。一个系统或地区的脆弱性越大，则受极端事件不利影响的程度就越大，发生灾害的可能性与灾害的严重程度也就越大。

并不是所有极端事件的出现都会发生灾害。只有致灾因素和易损性因素并存时，才会发生灾害。例如，在无人区发生的地震，由于其影响区内没有任何人员与财产，所以并不会造成严重损失。

二、灾害的特征

1. 突发性与不可消灭性

许多灾害往往是在短时间内突然爆发，有些灾害甚至在几秒钟或几分钟内就可能造成惨重的后果，如地震、滑坡、泥石流等。灾害还具有不可消灭的特征，只要有人类存在，灾害就不可能完全消失。

2. 破坏性与危害性

灾害带来的后果是很严重的，不仅会造成人员的大量死伤，还会给社会、经济带来巨大的影响。据统计，近 70 年来，全世界死于各种灾害的人数约有 458 万，人类每年创造的财富有 5% ~10% 被各种灾害所吞噬。而且，在经济的快速发展阶段，经济总量翻一番，灾害损失将可能增加 2 ~3 倍。

3. 频繁性与多样性

各种灾害都会按照其自身的规律频繁发生，相互间还会交织诱发。伴随着人类的资源开发和工程建设活动，又出现了多种新的灾害，如水库地震、矿山采空塌陷、温室效应以及化学污染、核泄漏、科技灾害等。传统灾害与新生灾害交织在一起，对人类构成了更加严重的威胁。

4. 周期性与连锁性

许多灾害的发生具有周期性或准周期性，往往在同一时间段内集中出现，形成各种灾变期。但灾害不会完全按照原有的周期重复发生，同时也具有不确定性。一种灾害往往可能引起其他灾害的发生，如地震可能引发火灾、滑坡、湖塘决堤等，还可能造成停工停产、社会混乱等社会性灾害的连锁发生。

5. 广泛性与区域性

灾害的分布范围非常广泛，世界的每一个角落几乎都会发生灾害。但在不同的地区，灾害的类型各不相同，每种灾害又有自己特定的分布区域。

6. 难以恢复与难以预测性

灾害除了会危害人类生命、破坏各种设施、造成直接经济损失外，还会严重破坏人类所赖以生存的资源和环境。资源的再生能力和环境的自净能力是有限的，一旦遭到破坏，往往几十年甚至几百年才能恢复，有的可能永远都无法恢复。有时一次中型灾害可使一个城市的现代化进程延缓20年。而资源环境的恶化，不但直接危害当代人的生存与发展，还会贻害子孙后代，给人类带来深远的不良影响。此外，灾害还具有难以预测的特征，目前要准确预测某种灾害的爆发时间、地点、能量等，难度还很大。

第二节　灾害心理的发展过程与表现特点

一、灾害心理的发展过程

当灾难来临时，人们面对巨大的压力，心理上往往会经历以下四个阶段：

1. 震惊与麻木

在灾难的最初阶段，人们可能会先感到震惊，对这样的事实感到难以置信。也许这时候很多人会暂时陷入麻木的状态，突然之间不知道自己的感觉是什么了，或是思想上暂时地陷入混乱、没有办法去思考，因而觉得不知所措。这时，人们往往心里一片茫然，难以接受这样的事实，竭力要否认事实，以堵住痛苦的感受。在受到打击后的几小时或几天内，不愿意去感觉与承认眼前已经完全不同了的世界。此时也可称为“类休克状态”。

2. 否认与退缩

遭遇一场不可预知的、突如其来的严重灾难后，许多人面对灾难的惨痛景象，会不断地问自己、问别人：“这些为什么发生在我身上?”同时，也会不断地在心里假想“如果当初……”。很多人不愿意承认眼前的事实，行为上可能出现一些不理智的甚至可能是幼稚的表现。但是，人们还得为自己今后的人生负责，哪怕此时自己的至亲已经长眠于地下，所要做的也应当是替逝者走过那些他们没有走完的人生历程，让他们的在天之灵能够感到欣慰。

3. 醒悟与痛苦

经历了前两个阶段之后，人们心理上的平衡会逐渐恢复，焦虑和紊乱的情绪逐渐受到控制，受到损害的认知功能也开始恢复。有一天可能会突然发现，原来事情已经无法改变，所有的事情都已发生，并已成事实。这是最难熬过的一段时期，且每个人需要的时间也不同。但要始终相信，每个人的内心都有一种强大的意志力，度过悲痛后，可以重新开始。这是人们战胜痛苦的最好武器。

4. 适应与新生

最终，通过自己强大的意志力和坚强的信念，人们开始接受失去亲人的事实，把它整合进新的生活中。失去的一切都将伴随着他们的人生，过去经历的一切美好，不会因为灾难而在内心深处消失殆尽。无论这个过程有多么漫长，人们都应当坚信，一切都会过去。心理学家弗兰克尔曾经说过：“启迪人的经验、令人发现生命意义的时机恰恰是在生命受到威胁之时，或是经历不同寻常的事件之时。”灾难中人们所经历的一切，是毁灭性的，是不可挽回的，但对在这场浩劫中存活下来的人而言，也是一个重塑生命意义的时刻。灾难过后，带着深深的思念，人们可以重建生活家园和“心灵家园”。

当然，在这个阶段，如果个人处理得好，就会使自己尽快摆脱不良情绪的困扰，向好的方向发展。但如果处理不好，就可能出现心理或精神障碍，这时就需要外援性的帮助（如家人、朋友、心理咨询的专业人员），以摆脱危机。

二、灾害心理的表现特点

灾难发生后，许多人经历了一般生活中不会遭遇的危机状况，如亲人的伤亡，或是自己的身体受到伤害。在这种情况下，受难者会因灾难而产生一些强烈的身心反应，有些人会变得冷漠、麻木，对环境与他人少有反应；有些人则会产生过多的反应；还有些人会出现不舒服的身体症状，等等。这些心理反应与身体症状包括：

1. 生理特征——身心的交互反应

灾害产生的恐惧，会导致一系列的身心交互反应。躯体症状表现为心跳加快，呼吸困难，感觉喉咙及胸部堵塞或干燥，出冷汗，尿频及腹泻，易疲倦，发抖或抽筋，子宫痉挛，月经失调，记忆力减退，肌肉疼痛（包括头、颈、背痛）等。由于身心极度疲惫，休息与睡眠不足，此时还容易产生眩晕、头昏眼花、反胃、拉肚子、恶心、注意力不集中等反应。有些人可能还会出现类似于相应疾病的模仿症状。

2. 心理特征——恐慌、焦虑

强烈的灾害过程，会使环境发生巨变；强烈的灾害信息冲击，会使人的认知能力受限，导致精神恍惚，手脚不听使唤，缺乏控制感，会不断发问："这是怎么了?"而身体受到的伤害和疼痛，会使情绪迅速反应，产生强烈的恐惧感。害怕自己或亲人受到伤害，害怕只剩下自己一个人，害怕自己崩溃或无法控制自己。

3. 行为特征——盲目从众

灾害瞬间人们为了摆脱险境，必然缺乏理智和冷静，并伴随着大脑的高度兴奋以及或多或少的思维混乱，行为会失去控制，常常采取不恰当的避险方法和盲目外逃行动，这是灾害发生时人们行为的主要特征。强烈的不安全感，会促使人们往人多的地方聚集，认为人多就安全。

第三节　灾后人群的心理应激障碍

遭遇重大的突发性事件以后，自我的心理与生理会受到严重挫伤，带来心理与生理的紊乱。对创伤后心理障碍进行自我评估，有利于更好地预防心理问题的发生，避免创伤造成的后遗症。创伤后应尽快进行自我调节与自我康复，这也是受灾后尽快恢复其心理功能的重要环节。因此，我们有必要了解创伤后应激障碍产生的一些影响因素以及这种障碍的某些心理与行为表现。

当人遇到自然或人为造成的强烈刺激，破坏了人的生物、社会及心理功能时，其生命安全受到极大的威胁，财产的损失及亲人的离去会造成重大的心理震动，在短期内会引起剧烈的情绪波动，从而导致个体的认知水平下降，生活规律紊乱。这都是遭受打击后出现的正常心理反应。大多数人需要数星期或一两个月的时间来恢复正常，慢慢进入正常的生活状态。但当自己的心理遭受打击，经历一段时间仍不能恢复，甚至急剧恶化，有些表现为思维异常，情绪长期低落，精神状态一直萎靡，这就需要进行心理的自我评估与诊断。因此，掌握一些灾后心理维护的知识，及时评估自己的心理状态，防止出现精神障碍或自杀现象等，是很有必要的。而对于一些较为严重的灾后人群心理问题，就需要接受心理援助人员提供的专业援助，以尽快恢复正常的心理功能。

一、灾后心理应激障碍产生的原因及表现形式

1. 原因

遭遇强烈破坏性的刺激事件会导致心理的应激反应，主要的影响因素有：

（1）强烈的精神创伤或生活事件、生活环境发生急剧变化，一般由三大应激源组成：①生物性应激源。这一类事件严重阻碍与破坏了个体的生存与种族的

延续，如地震、洪水、饥荒、火灾、丧亲、躯体创伤、疾病、遭受攻击等。②心理性应激源。这指的是妨碍个体正常的心理需求及严重损害个体的自尊，如被侮辱、人格的丧失、被强暴或道德冲突，被人歧视、精神需求被剥夺等。③社会性应激源。这指的是由社会性事件引起的个体的社会性需求被剥夺，如重大的社会环境改变所带来的社会地位变迁、人际关系的紧张、归属感以及社会支持系统的破坏、婚姻家庭矛盾等。

（2）社会文化背景。一定地域、一定文化习俗等会导致个体对突发事件的认知与感受产生很大的反差。相较而言，西方人更难面对社会性应激源，而东方人在生物性应激源作用下更容易出现心理问题。

（3）人格特点、教育程度、智力水平、生活态度和信念等差异让人在面对灾难时会产生不同的心理反应。人格特点决定了人对灾难的耐受程度，如内向、敏感、多疑的人对灾难的负面情绪的易感性强；人的生活态度和信念决定了人对灾难的看法与认知，有的人遇到无力改变或回避的灾难性事件时能采用合理的反应方式去认同，接受命运、忍受痛苦、保持尊严，作为对自己人格的最后考验，逆来顺受，顺其自然。

根据上述因素，当自我的心理出现问题，近期情绪明显发生紊乱，出现严重的生理与心理不适应时，就应该先弄清楚到底是什么因素或刺激源引起了这样的心理问题。只有意识到刺激发生的根源，才有利于人们有目的地去积极应对，尽快消除不良刺激，恢复心理平衡。

2. 表现形式

由上述因素的相互作用或由某一因素的负面效应引起的个体受灾后或遭遇重大打击后出现的某些心理障碍所造成的对当前生活适应的困难，其表现有三种形式：

（1）急性应激障碍。它以急剧、严重的生理或精神打击作为直接原因，如躯体受伤，精神或人格侮辱等事件，对此表现出强烈恐惧体验的精神运动性兴奋，行为有一定的无计划性、盲目性，出现慌张、无序、手足无措或精神运动性抑制状况，甚至麻木僵硬，不能感觉到外界刺激的变化，无饥饿感，身体对疼痛的感受性明显降低，保持一定的、机械的动作或姿势，出现妄想、严重情感障碍，总是喜欢作“假如”或“如果不是这样的话，结局将是如何”等假设性判断，事后对自己产生责备、埋怨，使自己处于极度的沮丧、悔恨之中，从而导致对自己能力产生极端怀疑；贬低自己，导致自卑、抑郁、焦虑、内疚等心理。有的人甚至会说：“我连自己的妻子都保护不了，留在这个世界上还有什么意思呢?”症状表现的内容与遭受的应激源密切相关，如果应激源能被尽快消除或缓解，经过短期有效的心理咨询，其预后效果良好。

（2）创伤后应激障碍。这主要是由于在遭受重大的心理应激后没有接受及时的心理援助而造成的心理问题，一般是应激源消失一到两个月后出现的心理症状。因此，当灾难性事件发生后应适当、及时地提供心理援助，避免创伤后应激障碍的发生。此症状是由异乎寻常的威胁性或灾难性心理创伤导致的延迟出现和长期持续的精神障碍，主要症状：反复发生闯入性的创伤性体验重现，常常感觉灾难性事件就像电影一样在眼前出现。惨烈的场景或当时的灾难现场在患者的脑海中非常清晰，赶不走当时惨烈的情景记忆；在梦中常见到在灾难中失去的亲人或朋友，只要面临与刺激相似或有关的境遇就会感到痛苦，存在严重的泛化现象，如见到亲人的某些遗物就会不由自主地联想到痛苦的经历，存在严重的安全感缺失，持续的警觉性增高，稍有风吹草动便会惊慌失措，对灾难性事件的相关刺激物有避忌心理，不能提及，只要触及就会造成情绪紊乱，如一提到 5 月 12 日，就会不由自主地出现惊恐等症状；对创伤性经历的选择性遗忘，患者回忆不起当时的经历，压抑当时经历过的任何记忆，甚至否认现实，认为这不是真实的，对自己未来的人生失去信心，否认自己的能力，认为自己无能，开始怀疑人生，对未来出现悲观、绝望的情绪，甚至产生消极厌世的人生态度，再也没有人生的追求，觉得人生空虚无聊。

（3）适应障碍。极具威胁或灾难性的心理创伤不仅会造成人类的心理痛苦，而且会使人类失去相应的物质资源，破坏其生存的物理与心理环境，如生活平衡的打破、财产的损失、亲人的离去、社会支持的缺失等。这都会造成个体对现在的生活无法适应。不能正常地维持其基本的社会功能，造成他们在生活、工作或学习上的不适应。适应障碍一般容易在妇女、儿童、老人以及灾难中受到生理重创的弱势群体中发生，如那些在灾难中丧失主要劳动力或经济来源保障的妇女，很有可能出现对生活的不适应，对未来人生的担忧。当出现这类症状时，个体在灾后将长期陷于困难处境。当出现这一心理与行为时，不仅要及时自我评估自己的心理力量，还要评估现有的物质资源；不仅要寻求心理援助，还要考虑接受或寻求来自社会的或亲属所能提供的相应的物质援助。个体处于烦恼、焦虑、抑郁等情感之中，存在各种生活和社会适应不良的行为障碍，甚至生活无法自理，由于自身生理重创而造成生理功能障碍，使其社会功能受损非常严重，主要症状如下：①焦虑。在生理方面会出现心慌、胸闷、头痛、头晕、多汗、失眠、厌食、多噩梦等症状，在情绪上担惊受怕，对未来充满了忧虑，不知道今后的日子该怎么过，并表现出强烈的紧张不安状态。②抑郁。心境或情绪低落，伴有悲怜伤感的情绪；有自杀意念，觉得活在这个世界上很累，常感觉孤独无靠；快感或兴趣缺失，找不到任何人生乐趣，感觉做任何事情都没有意思；人生价值迷失，找不到生活的追求，觉得自己成了这个世界的累赘，老拖累麻烦别人，活着没有多大的价值，很可能出现破罐破摔的悲观情绪。对前途悲观绝望，面对生活存在强烈的无力感、精力疲乏、懒散，甚至在个人生活自理、卫生与摄食上都出现意志减退现象，反应麻木、迟钝。③恶劣情绪。出现怨天尤人、觉得上天对自己不公平的心态。极易受激惹，总想发脾气，愤怒、吵架、摔物甚至与人争斗等，忌恨他人，甚至出现反社会心理或冲动型人格障碍。④品行障碍。由于受到生理重创，心理上自认为无力应对周围的世界，极易产生强烈的依赖心理，在困难面前会更多地依赖社会与他人的帮助与支持，在行为表现上出现功能性行为失调，什么东西都等、靠、要，意志力缺乏，行为被动，自信、自强等心理素质消退，自感无能并认为他人的帮助与支持都是理所当然的事情。对这类人群最主要的是不能过分地迁就，应重新激活其所拥有的心理能量。

二、灾难心理创伤症候群

心理应激根据其创伤性质的差异以及人的心理功能破坏的程度不同，可以分为不同的灾难心理创伤症候群，目前在国际上一般分为七大症候群。

1. 第一症候群

第一症候群主要是应激损害了个体的情绪功能，使人情感失常，造成情绪控制障碍和持久的焦虑、抑郁与烦躁不安。

主要临床表现：持续的烦躁不安；慢性的自杀意念；自残或自虐；暴怒或极端压抑的愤怒；强迫性性行为或极端压抑的性欲。

2. 第二症候群

第二症候群主要是应激损害了个体的意识功能，造成人的意识异常、意识范围狭隘、定向障碍、言语缺乏条理，对周围事物感知迟钝，易出现人格解体，有强烈的恐惧意识并伴有精神运动性兴奋或抑制，表现为意志机能的丧失及行为障碍，或精神状态完全发生改变。

主要临床表现：由癔症、强烈应激等导致的精神失常，把引起心理痛苦的一些意识活动从整体的意识活动中分离出去，主要有两种表现形式，一种是单纯型的精神障碍；另一种是转换型的躯体形式障碍。

(1) 单纯型的精神障碍表现为精神活动失常。主要有：

情感爆发：精神突然失常，哭笑、喊叫、暴怒、伤人毁物、阵发性的出现情感高涨或低落。情感高涨时兴高采烈、手舞足蹈、撒娇做作甚至自我表演；情感低落时则委屈、悲伤、绝望、呆滞、麻木、僵硬。

意识朦胧：意识范围狭隘，对环境的感知迟钝，病症发作时丧失自知力，主要有梦游症和神游症（如突然离家出走，漫无目的地四处游荡）。

癔症性遗忘：对经历过的创伤性和灾难性事件部分或全部遗忘；对自己的某些生活片断（主要与创伤有关）在记忆中形成缺失或空白。

刚塞尔综合征：其特点是无法回答任何问题，甚至对最简单的 1 +2 等于几的问题都难以回答。处于意识与无意识转换的状态，两种意识交替出现。发病前遭遇的精神创伤的重大刺激会突然出现，突然恢复，预后不能回忆发病经过。

（2）转换型的躯体形式障碍主要以躯体障碍及行为异常作为明显的临床症状，表现形式有：

运动障碍：如痉挛发作，肢体震颤、瘫痪、某种行为无能，语言障碍（如失语等）。

感觉障碍：某种感觉器官突然失去功能，某些感觉丧失或异常（如皮肤瘙痒症等）。

分离状态：也称疏离综合征，临床表现为对自我以及周围现实的歪曲知觉，主要有三类：①人格解体：自我感丧失，觉得自己不是自己，不知道自己是谁，仿佛是另外的人，或由另外一个人替换了原来的自己，自己的体内也发生了彻底的变化。像金庸小说《射雕英雄传》里的欧阳锋，在侄儿（欧阳克）死亡后，受到打击，他常问别人“谁是欧阳锋，欧阳锋又是谁”。以前一切熟悉的东西都变得那么陌生，而与亲近的人在一起再也体验不到那种愉悦了。②现实解体：对周围环境有一种不真实的感觉，整个世界好像是虚无缥缈的，经常出现海市蜃楼的感觉，熟悉的世界看起来都是雾蒙蒙的，就像水中的花、镜中的月。③身体解体：感觉自己的身体发生了奇妙的变化，像气球或其他物体或动物一样，失去了正常的真实感，像飘浮在大气层中的颗粒。

回想和思索与创伤经历有关的事件，与创伤性事件有关的遗忘或记忆增强。

3. *第三症候群*

第三症候群指创伤或应激损害了个体的自我功能，使自我意识出现了严重的扭曲，造成对自我、自我与周围环境的关系意识歪曲，对自我评价与自我能力的界定出现了障碍，表现为无助、羞耻、自信心的丧失等。

主要临床表现：昏厥；羞耻感、内疚感，反复自责，不成熟的内归因；被玷污和被打上某种羞辱性的烙印；与他人从根本上被区分开的感觉，自认为是社会的垃圾、人渣等。

4. 第四症候群

第四症候群指灾难或应激损害了个体的认同功能，使个体发生了认同障碍，主要是事件的造成与某些人有关，从而产生一种认贼作父的现象，对造成灾难或创伤的凶手的感知发生变化，会尽力去美化凶手或产生持续的复仇心理。

主要临床表现：持续地思考自己与凶手的关系；对凶手的理想化或者产生不合逻辑的感激之情；对凶手有特别的或超自然的感觉；接纳凶手的信念系统或对凶手的合理化认同；成为凶手的帮凶。

5. 第五症候群

第五症候群指灾难或应激损害了个体的社会化功能，使个体的人际交往能力遭到破坏，导致其社会功能严重缺失，不能进行正常的人际交往，甚至在社会关系中出现回避、退缩现象。

主要临床表现：孤立或从社会关系中退出；亲密关系障碍，不能跟他人建立亲密关系，缺乏必要的同情心；寻找救星，过度依恋或依赖自认为是救星的人；对他人不信任。

6. 第六症候群

第六症候群指灾难或应激损害了个体的人生价值与信念系统，使个体丧失了对生活和生命的意义及未来与希望的追求。

主要临床表现：信念及价值的丧失；失望或绝望的感觉；没有生的意愿；人生价值的迷失。

7. 第七症候群

第七症候群指灾难或应激损害了个体的人格结构，使人的个性发生变化，出现边缘型、类分裂型等人格障碍。当个体经历了自己不能承受的心灵和身体的创伤后，往往会将这种创伤记忆压抑在潜意识里，感觉摇摆不定，对他人的情感总是在吸引和憎恨之间快速变换，经常不明白为什么自己会在某种环境下那样做。

主要临床表现：对挫折和遭遇过度敏感；多疑，将他人的友好行为误解为敌意和轻视；行为古怪、奇特、情感冷淡、缺乏与他人交往的能力；有突发的愤怒和暴力等冲动行为；不稳定甚至出现反复无常的心境，情绪出现两极性、敏感性等不成熟特征；持久和弥散性的心理紧张及焦虑的内心体验；自我敏感，不安和自卑；过分地依附他人；感到自己无助、无能，缺乏精力。

第四节　替代性心理创伤

一、什么是替代性心理创伤

在灾难发生之后，许多人会经历亲人的伤亡，或是自己的身体也受到伤害。在这种情况下，灾难的幸存者会因灾难而产生眩晕、呼吸困难、胃痛、紧张、无法放松等一系列生理反应以及恐慌、焦虑、抑郁、挫败、无助、内疚和羞耻等一系列心理反应。上述这些症状都属于心理创伤后应激反应，其中有大约70%的人可以在几个月的时间里自行痊愈，还有大约30%的人的症状会持续下去，成为创伤后应激障碍。而投身于灾后救援的人员和志愿者在进入灾区后，常常由于身心极度疲惫，休息与睡眠不足，还有对生还者及其创伤的同感和共情，而出现严重的身心困扰，甚至心理崩溃，这就是替代性心理创伤。

Saakvitne和Pearlman（1996）给替代性创伤下了一个定义："一种助人者的内在经验的转变，是同理投入于案主的创伤题材所产生的结果。"也就是说，替代性创伤归因于助人者与创伤性事件的幸存者一起工作中所累积的转变，且并非是幸存者加诸于助人者，而是助人者感同身受而获致。以广义的人类经验而言，这是任何人知道、关心并面对创伤后的结果。

替代性心理创伤最初是指专业心理治疗者，因长期接触患者，受到咨访关系的互动影响而出现类似病症的现象。即治疗者本人的心理也受到创伤。随后，人们在很多实例中发现了这种现象的存在。目前，这个概念被广泛应用于救援工作、消防队员、家庭中的精神受害者等多种情况中。可以看出，替代性心理创伤是危机干预中的常见现象，它给救援人员的身心带来了不同程度的伤害。也就是说，他们在协助经历灾难的人们恢复创伤时，自己也有可能成为受难者。因此，需要及时关注救援者的替代性创伤问题，以维护其心理健康。

二、不同人群的替代性心理创伤

1. 灾难性事件救助人员替代性心理创伤

一般而言，当个体在遭遇灾难性事件时，整个心理系统都有可能出现程度不同的创伤，个体越接近灾难现场，受到创伤的危险性就越大。除了那些亲历灾难的幸存者外，参与救援工作的士兵、医护人员、志愿者、政府工作人员以及记者等都有可能遭受替代性心理创伤。

关于救助者中已经出现的大量“替代性心理创伤”问题。这主要是由于救助人员在目击大量惨烈的破坏性场景之后，损害程度超过其中部分人群心理和情绪的耐受极限，从而间接导致的各种心理异常现象。

也有很多一线媒体记者出现了不同程度的心理问题：有人哭着给家里打电话，表示内心难以承受灾区的气氛和环境；也有人在目睹惨状之后，因不能直接参与救援，遂对自身职业行为的价值产生怀疑；或是反应异常亢奋，连续高强度的工作，并对自己的工作抱以过高期望而产生焦躁等负性情绪。如有的出镜记者表情麻木、情绪低落，或者是战士和医护人员不知疲倦、没日没夜地进行救援。这些现象在一定程度上都是替代性创伤的表现。这些异常行为，通常都是出于对生还者及其创伤的同情和共情，而使自己产生了严重的身心困扰，甚至是心理崩溃。

普通的民众，通过网络、电视和报纸等媒体接触到大量的与灾害相关的图片、信息等，也有可能产生替代性心理创伤。即使民众没有直接接触创伤性事件的生还者，但也会经常接触创伤性事件的文字、图片和视频。官方发布的关于灾害的最新消息，网友对灾害事件的评论、见解，人们对现代科技不足以精确预报灾害的不满，群众对中央领导、救援人员在灾区行为的感动，各种倡议活动的声明，号召大家团结一致的呼吁，以及媒体中出现的大量房屋倒塌的照片、人被埋在石头堆里的照片、头破血流的照片、公路被毁的照片……这些都强烈地震撼着人们的心灵，如果一直大量地接受这些信息而不加处理，也可能会引起替代性心理创伤，进而影响我们的生活。例如，可能感觉这几天心情有些特别，总是会为了一些芝麻大的小事发火，稍微坐久一些身体就不舒服，睡得也不是很踏实，基本上天一亮就睡不着了，心中隐隐感到沉闷，好多平时喜欢的事情现在也没兴趣了。这可能就是替代性心理创伤的表现。

2. 心理咨询师的替代性心理创伤

许多研究者对替代性心理创伤给予了极大的关注。他们一直认为，任何救助者在和受到严重创伤的来访者的接触中，都不可避免地产生同理心，进而体验到创伤情绪。对心理救助工作者，特别是心理咨询师来说，这个特点就更加明显，在救助别人的同时，也给自己造成了一定的心理创伤。

（1）替代性心理创伤对咨询师的危害。

研究表明，替代性心理创伤给从事救助工作的人员带来了很多方面的负性影响，特别是那些经验不足的咨询师或者没有受过系统的心理咨询培训的人员。

Kassam 和 Adams（1995）在研究中指出，替代性心理创伤是一个累积和缓慢显现的过程。如果没有及时干预，会出现如同心理创伤一样的症状。如厌食、睡眠障碍（难以入睡、易惊醒）、做噩梦、易受激惹或易发怒、易受惊吓、难以集中注意力等。

替代性创伤体验还有可能会改变个体的认知方式，如形成人生短暂、人生无常、活着没有意义以及人生就是一个痛苦的过程等悲观的人生观念。这些负面的认知如同抑郁症患者的心理过程，其不同之处在于，这种消极的心理状态是由于间接地体验了别人的痛苦而造成的，自己不是事件的直接受害者。

替代性心理创伤体验也会降低心理咨询师在干预病人时的自我效能感，因为他们正处于不健康的心理状态和认知方式中。他们可能表面上表现得对病人的情况更为敏感、同情，实际上这也说明了他们的情绪正在战胜理智。他们更关注病人的情绪感受和现在的不良心理状态，但却在分析病人的深层次动机和致病原因上更为迟钝。

严重的现场心理救助也会使部分心理工作者厌恶自己所从事的工作，甚至会导致他们永远退出这种救助别人的事业，实质上这是一种自我保护的心理防御机制，体现了人类趋利避害的本能。虽然一般的替代性心理创伤不足以导致职业上的退出，但是会降低心理咨询师的工作满意度。

（2）心理咨询师产生心理创伤的原因。

①心理咨询师具有较高的移情能力。弗洛伊德指出，只有走入心理疾病患者的潜意识之中，才能有效地治疗心理疾病。同时，也提出了“感通潜能”的观点，认为心理咨询师应该能够感通潜能，即具有移情能力，指的就是能够感同身受地去理解别人的情绪的能力。

在社会化的过程中，任何人都不可避免地要经历各种各样的心理创伤或者生理上的痛苦。随着时间的流逝，这些痛苦或者悲伤的体验就会使人们的内心深处感到压抑，成为潜意识的一部分。当有外部线索提示或者自发想象到以往类似的创伤情景时，这种模糊的情绪体验就会弥漫开来，并成为一种强大的心理能量。因此，潜意识中的感通能力，可以说是心理咨询师理解病人的发端，也是体验替代性创伤负性情绪的开始。

②心理咨询师的咨询经验。心理咨询师面对的是患有各种心理疾病的人，长期面对悲痛、无助、抑郁或者焦虑等外部心理环境，也会使心理咨询师产生心理上的困扰。经验丰富的心理咨询师能够通过自我调整从负面情境中走出来。正如一位心理咨询师所说：“既要能进入病人的心里面，又要能走出来。”有经验的心理咨询师在技能和认知结构上更为合理，而缺少经验的心理咨询师就不能够恰如其分地把握与病人的心理距离。但随着咨询经验的增长，咨询师接触越来越多的创伤性体验，他们会很快地提高自己在不良情绪体验方面的抵抗能力以及理性

的心理防御能力。

③社会支持系统的缺少。很多人认为，作为心理咨询师，首先应该学会“自我疗伤”，应该有非常好的心理自愈能力。其实，这种观点是极为片面的。心理咨询师虽然受过专业的训练，他们有强于一般人的自我认知能力，能够较好地洞察自身行为的动机和情绪、情感，但这并不是说心理咨询师就具有钢铁般的意志。相反，他们也生活在现实中，同样也面临着生活上的压力和职业上的心理枯竭。因此，心理咨询师也需要来自外部的情感支持。

④灾难现场的情景。替代性心理创伤产生的第四个原因是残酷的现场灾情，特别是长期连续的现场救助。如中国的 5·12 汶川地震后，很多有经验的心理咨询师快速赶到灾区。他们被那里的血色悲情震撼了，直面生与死的考验，很多心理救助者的心理承受能力接受了极大挑战，如出现恶心、呕吐等替代性心理创伤的生理反应，还有害怕和情绪不稳定等情绪上的反应以至于有个别心理救助者早早地离开了灾区。原因之一就是他们也出现了类似的创伤体验。Myers（2002）调查了在 1995 年俄克拉荷马城爆炸案发生后进行心理咨询的工作人员，发现他们中的绝大多数都有中等程度以上的替代性心理创伤综合征症状。

三、替代性心理创伤的测量

对于替代性心理创伤的评估与测量，可以从以下两个方面进行考虑：

1. *访谈与观察*

通过访谈或者观察，若发现存在以下症状，即可初步判定其出现了替代性心理创伤：

（1）身体反应：易疲劳；体能下降。由于身心极度疲劳，休息与睡眠严重不足，易产生生理上的不适感，如眩晕、呼吸困难、胃痛、紧张、无法放松等。

（2）心理反应：创伤反应和人际冲突；与他人交流不畅；情感迟钝；失去对公平、善恶的信念，愤世嫉俗；情绪不稳定、暴躁；对自己经历的一切感到麻木与困惑；因心力交瘁、筋疲力尽而觉得生气，如对周围人感到愤怒；缺乏安全感；睡眠出现问题，经常做噩梦；难以集中注意力，决策困难；缺乏自制力，易愤怒，缺乏耐心，与他人关系紧张；失去信任感；有职业困扰，有耗竭感；怀疑自己的职业选择，绝望；感到软弱、内疚和羞耻，感到自己的问题与受灾者相比微不足道；因觉得自己本可以做得更好、做得更多却没有做到而产生罪恶感，怀疑自己是否已经尽力；对于自己也需要接受帮助觉得尴尬、难堪；过分地为受害者悲伤、忧郁；一闭上眼睛，脑子里全都是悲惨恐怖的灾区画面，挥之不去。

2. 心理测验

（1）一般测验。

一般的心理测验中，有很多是可以用来测量创伤的幸存者及其救援人员的创伤情况的。它们可以评估焦虑、抑郁、躯体化以及精神病状况等。

①明尼苏达多项人格测试（第二版）。

（MMPI-2；Butcher，Dahlstrom，Graham，Tellegen & Kaemmer，1989）

②心理评估测查（PAI；Morey，1991）。

③ 90 项症状自评量表修订版（SCL-90-R；Derogatis，1983）。

（2）专业的创伤测验。

①专业心理治疗者的替代性心理创伤测量。工具主要有“创伤性压力信念量表”（TSI）和“治疗者信念量表”（TBS）。两个都是自评量表，均采用六级评分（“1” =完全不同意，“6” =完全同意）。其中，TSI 共 80 题，从安全感、信仰、自尊自控和人际交往等四个方面综合测量治疗者的世界观和认知图示被破坏的程度。TBS 量表共有 40 个项目，可用于测量治疗者的价值体系。应用结果显示，均有较高的可信度。

②参与救援的社会工作者的替代性心理创伤测量。较为常用的是“事件影响量表”。该量表共 22 个项目，采用五级计分，包含惊扰、回避和警觉等总量表和三个分测验，内部一致性信度系数 α 分别为 0.89、0.77、0.83 和 0.76。

③创伤症状调查（TSI）。TSI（Briere，1995）是一个有 100 道题目的量表，

主要用来评估经历了创伤的个体在最初六个月所产生的创伤后症状体验的水平。在一般人群中已经有了常模，并具有较高的信度和效度。TSI 有三个效度量表（反应水平、非典型反应和不稳定反应）和十个临床量表（焦虑唤醒、易于愤怒、易受激惹、侵袭性体验、防御性回避、解离、性关系、性功能失调、自我参照受损和压力减少行为）。它常常被用来识别更为复杂和广泛的创伤后问题。

四、救援人员替代性心理创伤的调节

Saakvitne 和 Pearlman（1996）认为替代性创伤的救助应该有三个基本原则——觉察、平衡和联系，而且这三者是息息相关的。“觉察”是接纳和专注于创伤者自身的内在不平衡状态，如需求、限制、情绪、资源等方面的不协调。“平衡”是使创伤者的生活步调平稳，如维持工作、休闲、休息的平衡；同时，“平衡”也包含了内在的觉察和专注。“联系”是与创伤者、他人以及外在世界保持良好的沟通渠道，以开拓自己的内在需求、经验和知觉的觉察。

Meyer 和 Ponton（2006）提出了一些应对策略，将其归纳如下：

1. 提升专业水平

救援者本人要不断地累积充足的工作经验，提升自身的专业水平，并能得到及时的专业督导，而这将有利于救援者及时觉察自己的不平衡状态，以利于救援者自身进行调整。

2. 掌握自我调节的方法

救援者需掌握一定的自我调节的策略，如要保持幽默感和客观性，适当的休闲和锻炼，学会应用某些如“蝴蝶拥抱”、“安全岛”、“保险箱”等特定的自我保护技术。

3. 开展团体分享

可以在团体中交流或与同事分享替代性创伤。例如，通过在团体内诉说事件、表达自己的心理反应、关注自身的躯体反应、分享生活中的正性事件以及专业生涯的感受等活动，能促使救援者感受到团体内的支持力量，从而不仅有利于团体内部沟通渠道的畅通，也有利于救援者对自身内在需求的知觉。

替代性心理创伤涉及救助人员个人、家庭、社区和社会等诸多方面，若遇到这方面的问题，可采取如下一些策略：

1. 个人方面的策略

告诉自己所有的感觉均是正常的、暂时的；保证自己适当的休息与睡眠；必须有定时定量的饮食，即使不太想吃东西，也要尽快恢复以前的生活习惯；尽量让自己休息时的环境保持安静、舒服、自在；多鼓励自己及周边的亲友，避免批评自己或其他伙伴的救灾工作；肯定自己与工作伙伴任何微小的好的改变，并乐观地期待未来；有困难时，不要犹豫向伙伴们提出，并乐于接受他人提供的帮助与支持；对失望、挫折、冲突、心情的摇摆不定等情绪反应做好准备。

2. 专业方面的策略

热爱工作，感受工作的价值；妥善安排自己的工作进度，如个案数量、工作时数等；接受与创伤相关的训练或教育；寻求督导或同事的咨询。

3. 社会方面的策略

改善工作的物理空间，如提供舒适安静的工作环境等；尊重助人者和创伤者；举办替代性创伤的研习或研讨会；提供完善的督导制度，促进同事间的相互支持；重视适量的工作时间和数量。

第五节　心理感染

1967 年《美国科学》杂志第 216 期报道了这样一则消息：

英国一所有 550 名学生的女子中学，在星期四突然有 140 多名学生同时得了歇斯底里症。这些女生都出现了头痛、浑身发抖等症状，其中有 85 名因病情严重而被送进医院。到了下一周的星期一，又有 79 名学生得了同样的病症，其中有 54 名女生被送进医院。因此，学校不得不宣布全校停课一周。然而到了下一周又有 58 名女生被送进了医院。

医生对数目如此之多，又都是患同样病症的“病人”进行诊断后，发现这些女生根本就没有病。但调查表明，这些女生确实有头痛的症状，她们并没有说谎。那么问题出在哪里呢？她们的病症是由什么引起的呢？后来，经过深入地调查发现：原来那些第一批发病的女生头一天参加了教堂的礼拜仪式。这个仪式进行了三个多小时，有些体质较弱的女生支持不住，当场就有 20 多人晕倒。留在学校里的女生第二天就去打听谁当场晕倒，于是就有些人也“病了”，学校当时让这些“病人”躺在走廊的床上休息，结果被更多的人看见，于是“病”就传染开了。最后的研究报告指出：这种病实际上是由恐慌引起的，并没有什么病理学原因，只有从社会心理学的角度才能得到解释。（资料来源：http：//400. blog. hexun. com/28297965_ d. html）

一、心理感染概述

楚汉战争末期，汉军巧设十面埋伏之计，将项羽困于垓下。但是，此时的刘邦也面临着一个严峻的问题——项羽困兽之斗，十分凶狠。于是，军师张良就想出一条妙计，让已投降的楚军在月色中齐声唱起楚歌。楚军闻之，不禁勾起思念故地、家人的无限乡情，再也无心恋战。汉军乘势猛攻，大获全胜，最终逼得项羽自刎于乌江。

这个事例就是一种神奇的社会心理现象——心理感染。所谓心理感染，指个体于不知不觉之中，情绪与行为受到他人的影响、左右和支配，从而放弃原有的思想和打算，甚至是自己心中的行为规范和价值观念。这种影响不是从理性知觉通道输入的，而是通过情绪、行为的暗示效应，于无意识中接受的。心理感染有一个重要的机制就是循环反应。也就是说，别人的情绪和行为引起自己产生同样的情绪和行为；反之，自己的情绪和行为也增加了别人情绪、行为反应的强度。

心理感染现象存在于我们社会的方方面面，企业的各级管理者，尤其是中高级管理者，感受到压力后，往往不自觉地把自己内心的压力传染给被管理者，使他们也感染上压力。当被管理者成为压力“携带者”后，他们会以诸多的“管理难题”形式再把压力回传管理层或管理者。如此一来二去，管理者与被管理者之间形成压力互动（相互传染），逐渐强化压力的程度，逐渐使压力的原因复杂化，由此，批评、责怪、训斥、怒骂、抱怨、讥讽、挖苦、报复、转嫁责任成为压力传染的基本形式。

社会心理学家认为，心理感染与心理暗示有很大程度的关联性，两者都有一个重要的机制——循环反应。也就是说，别人的情绪和行为引起自己也产生同样的情绪和行为；反之，自己的情绪和行为也会在某种程度上增加别人的情绪、行为反应的强度。据有关记载，第二次世界大战中，有的兵营在处于恐慌、紧张的心理状态下，就曾诱发“癔病集体发作”事件。在国内一些大型建筑工地的民工中也曾发生过类似事件，那是在极度疲劳的情况下发生的。

二、心理感染易感人群及其特点

心理是可以感染的，不管是积极的还是消极的情绪或言行，都是具有感染力的潜在因素。如果是好的言行自然会产生积极的效应，但人们能被好的言行感染，也会受到别人负面言行或情绪的影响。

例如，唐山大地震虽已事隔三十多年，但对于那些亲历或者亲闻这场灾难的人群来说，至今仍有一部分人只要涉及地震的字眼，便会有较为强烈的情绪反应。灾难发生的时空是有限的，但它们对人的心灵所造成的后遗症却是没有时空限制的。当然，这个易感人群，有自己本身具有的特质，即使没有亲身经历，却也能受到极大的冲击，并且这种冲击会持续相当长一段时间。

另一个例子是近两年出现的新型病毒——甲型 H1H1 流感。在经历过疯牛病、禽流感和 SARS 之后，加之受到全球金融危机的影响，人们的心理预期普遍

"低落"，而甲型 H1N1 流感更是"雪上加霜"。作为一种新型病毒，刚开始爆发，就已经扩散到美国和加拿大等地，而欧洲也出现了此类"病例"。更多"疑似病例"的出现，更是加重了人们的心理恐慌。在这样一个背景下，就出现了一系列被感染的现象。很多人不敢吃猪肉，每天洗手几十次仍旧感觉不放心，甚至出现情侣戴口罩接吻的场景。即使有很多医生或专家，一再强调甲型 H1N1 流感的可预防性和可控制性，但这种消极的心理感染依旧在蔓延。

但是，并不是所有人、也不是在任何情况下都会被心理感染，人们的某些特质或者事物本身具有的一些特点让一些人更容易受到心理感染。归纳起来，大致有以下五种情况更易使人们发生心理感染：

（1）在具有共同的世界观、信仰和态度的人群中，即在心理高度融洽的群体中，情绪和行为的扩散显得更快。

（2）独立性不强的人，如学生、妇女，特别是集体宿舍的学生，最容易受到心理感染。

（3）紧张、恐惧的情景会使群体成员易于受到心理感染。

（4）外向性格的人比内向性格的人接受感染的速度更快。内向的人，其注意力总是集中于自己的内部心理世界，对别人的情绪、行为不像外向性格的人那样善于模仿。

（5）心理感染在朋友中比在陌生人中传播的速度更快，感染力更强，社会心理学家称之为"自己人效应"。

三、心理感染的类型与调节

2008 年的汶川大地震，不仅给灾区人民带来了难以抚平的伤痛，而且凡是听过或看过有关地震的新闻及电视画面的人们，也都产生了种种心理恐慌。地震发生后的一个多月，电视画面上每天反复滚动播出的灾难现场，给人们的内心形成了一个清晰和强烈的类似真实现场的体验；这种场景的反复出现，强化了人们的消极情绪。那么，心理感染都有哪些类型呢？

1. 过度刺激型

［案例］四川籍打工者小陈的家乡在灾情比较严重的北川，灾情发生后一直联系不上家人，他因此变得沉默寡言，觉得没有人可以帮助自己，恨自己没有能力救出家人，希望死的人是自己而不是亲人，因为比别人幸运而产生罪恶感，甚至一度出现情绪不稳定现象。

［专家透析］广东是四川籍打工者聚集的省份之一，很多像小陈这样的打工者情绪都会很低落，感到自己做错了什么，或者没有做应该做的事情来避免亲人的死亡。对这部分人群的心理救助是刻不容缓的，应该帮助他们分析清楚，出来打工是为了让家人过得更好，这本身并没有什么过错。地震是一种无法预测的自然灾害，与个人的动机无关，这种破坏力是任何人都无法抗拒的，即使自己身在四川，也难以避免自己的亲人遇难，所以无需自责。如果自己身在四川，也许已经成了众多遇难者中的一员，所以，应该为自己远离这场灾难而学会珍惜自己的生命，已经遇难的亲人也会为此而感到高兴和欣慰。因为他们的愿望就是亲人能够好好地活着。所以，生还者的坚强和勇敢就是对已逝亲人的最大慰藉。

［调节建议］从个人的角度来发泄。厮打、怒吼、跺脚等都可以，或者找朋友做听众，和他们一起分享亲人过去的故事及自己对亲人死亡的悲痛和思念。

2. 过度敏感型

［案例］不少群众在得知地震噩耗后，心情十分沉重，觉得生活很压抑，一直提不起精神，出现情绪波动、从噩梦中惊醒等现象，重者甚至长时间无法渡过危机，出现严重心理障碍。

［专家透析］生命是脆弱的，但又是珍贵的。正因为生命的脆弱，所以才要更加珍惜现在的生活，珍惜身边的亲人和朋友。因为没有遭遇像四川汶川那样的大灾难。才更应该珍惜现有的一切。

［调节建议］尽量回避伤感报道，远离应激源，或者借助行善来抚慰这种创伤。

3. 过度紧张型

［案例］2008 年 5 月 12 日，汶川发生地震时，由于湖南也能感觉到震动，部分人产生了强烈的恐惧感，以致过度警觉，有的甚至在睡觉时也梦到地震，由于过度紧张甚至影响了正常的工作和生活。

［专家透析］汶川大地震对每个人来说都是一种心理创伤，恐惧是一种很正常的心理反应和情绪，无需对这种情绪感到紧张。

［调节建议］①增加对地震的认识和对当地发生地震可能性的了解，有助于减轻这种恐惧感，也可进一步向地震局了解详情。②通过帮助别人来减轻恐惧感，如加入援助四川抗灾救灾的队伍，恐惧感也会有所减轻。

通过分析可知，心理感染的产生主要有两个方面的原因：一方面是与受感染人群的自身特点有关，如自身的价值观念、性格特点、知识架构以及较强的自我暗示的特质等；另一方面则与特定的环境因素有关，如接收到的创伤信息、与这些创伤在认知中产生的情绪互动以及识别出的创伤经历细节被揭示的程度，还有社会支持等都将影响心理感染的难易程度。所以，人们在接受一些创伤性信息时，应该学会保护自己的“内心”。

从自身来看，日常生活中就应学会锻炼自己的心理承受能力，对于外来的信息，要学会辨别与识别，并作出理性判断，不可一味跟风。诸如前面提到的受甲型 H1N1 流感影响，不敢吃猪肉等。同时，要善于合理宣泄接收到的负性情绪，以免使其成为影响心理健康的定时炸弹。从环境方面来看，社会媒体及舆论会对人们的内心造成强烈的感染。因此，对于灾难或创伤的报道与评论应把握好尺度，从而最大限度地降低这种隐形的感染。

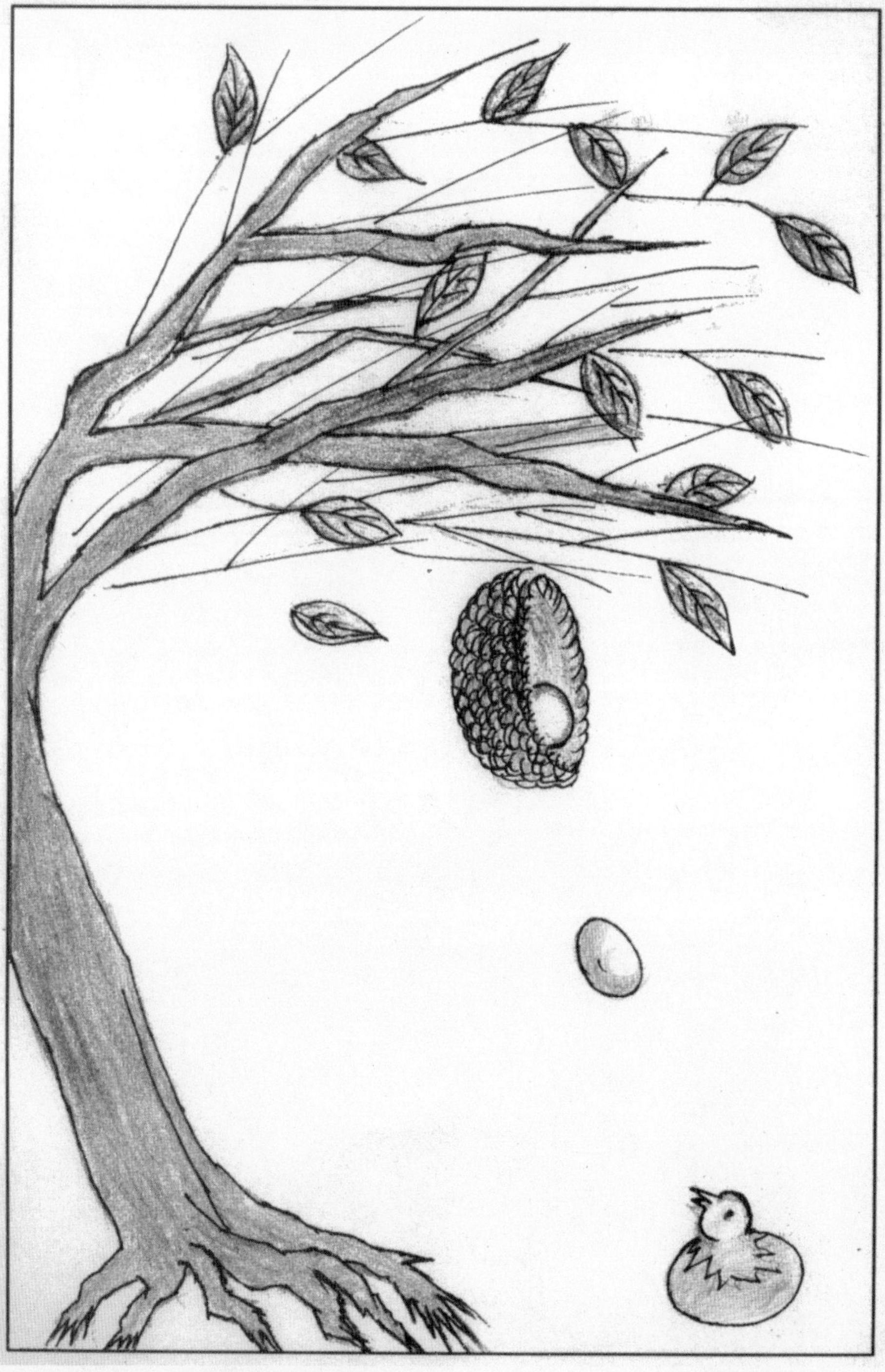

第二章　急性应激障碍、创伤后应激障碍的形成机理与自我调节

人类在生存和发展中，不得不面对天灾人祸的严峻挑战和生离死别的痛苦折磨。以地震为例，全球每年发生地震约500万次。20世纪，中国发生的7级以上地震就多达10次，造成了大量的人员伤亡和经济损失。2008年5月12日，在四川汶川县发生的里氏8.0级地震，烈度高达11度，直接严重受灾地区达10万平方千米，并且波及我国的陕西、甘肃、云南、重庆等多个省市。地震不仅夺去了成千上万宝贵的生命，造成了经济财产的巨大损失，而且也给幸存者带来了巨大的心理创伤。

作为生活中的特殊事件，天灾人祸远远超出人们一般的应对能力，并带来严重的心理创伤和精神痛苦。灾难事件后常见的精神卫生问题可以导致六种不同的后果：灾后特定的精神障碍；非特定的悲伤反应；其他健康相关问题；长期慢性的生计相关问题；资源丧失问题；青少年特定问题。在这六种后果中，灾后特定的精神障碍最为严重，它包括急性应激障碍、创伤后应激障碍、抑郁症以及自杀等，给人们带来的危害也最严重。

第一节　急性应激障碍

急性应激障碍（Acute Stress Disorder，ASD）是指在创伤性事件发生后2天至1个月内发生的急性精神障碍，主要表现为分离、再历（重复体验）、回避、过度警觉和躯体症状（胸痛、胸闷、头痛、肌肉紧张、肠胃不适、心悸或口干等）。有关急性应激障碍的诊断标准详见下表。

表2－1　急性应激障碍的诊断标准（DSM2 Ⅳ）

A1 经历创伤性事件，并且：①该事件涉及死亡、死亡威胁、严重伤害或危及躯体的完整性，当事人亲历、目睹或面临该事件；②当事人的反应为严重的害怕、无助或恐惧
B1 在经历创伤性事件时或经历之后，当事人出现下述三种以上解离症状：①麻木、分离或缺乏情感反应的主观感觉；②对周围环境的意识程度减低（如说自己"迷迷糊糊"）；③不真实感；④人格解体；⑤分离性遗忘（如不能够回忆创伤的要点）
C1 对创伤性事件持续的重复体验，通过下述一种以上方式：再现景象、思维、梦境、幻觉、闪回、错觉、再度体验感；或当暴露于创伤性事件提示时的痛苦感
D1 对唤起创伤的回忆有显著回避（如回避有关的思维、感觉、谈话、活动、场所或相关的人）
E1 焦虑症状和觉醒程度增高（如难以入睡、易激惹、注意力难以集中、过度警觉、夸大的惊恐反应、躁动不安等）
F1 上述症状导致临床上显著的不良应激或社会、职业及其他领域的功能受损，影响其完成重要任务的能力，如获取必须的帮助、或将创伤经历告知家庭成员以获得社会支持

［资料来源：申远等．澳大利亚成人急性应激障碍和创伤后应激障碍治疗指南．国际精神病学杂志，2008（3）］

因此，产生急性应激障碍的前因是当事人曾暴露在天灾人祸等创伤性事件中，目睹了他人死亡或濒临死亡以及严重伤残的景象，从而产生了强烈的惧怕、无助或惊恐感。此外，当事人还存在至少三种解离症状和一种重复体验的症状，并有明显的回避和过度警觉，持续时间为 2 天至 1 个月，在临床上就可以诊断为急性应激障碍。其中，仅一项不符合该诊断标准的，可诊断为亚急性应激障碍。

一、急性应激障碍的表现特点和影响因素

急性应激障碍的发生率因创伤性事件的种类、强度、时空特性、性别、年龄，以及对创伤性事件的威胁或危险的主观评估、可获得的社会支持的质量和满意度、人格特征等而有差异。国内外研究表明，一般灾难性事件后 ASD 的发生率为 3.90%～33.00%。汪向东等（1999）对张北地震受灾人群的调查表明，ASD 发生率为 6.10%；赵国秋等人的调查显示，2008 年"4·28"胶济铁路火车相撞事故伤员中 ASD 发生率为 9.73%；2008 年 5·12 汶川地震后灾区群众 ASD 发生率为 12.59%。汶川地震灾区群众最常见的症状依次为焦虑—警觉性增高症状群（54.69%～68.76%）、灾后一般症状群（31.69%～57.21%）和闯入症状群（29.41%～35.81%）。焦虑—警觉性症状的高发与汶川地震后余震不断有关，灾区群众十分担心余震再度带来新的破坏。而"4·28"胶济铁路火车相撞事故伤员的症状主要表现为重复体验，这与伤员直接暴露在凄惨的死亡现场有关。因此，创伤性事件的种类、强度和灾难发生的时空因素都可以影响 ASD 症状群的表现形式。

有关研究表明，女性的 ASD 发生率要高于男性；老年人的 ASD 和亚 ASD 发生率要低于中、青年；受创伤的年龄越小，未来形成心理创伤的可能性越大并且也越严重。因为未成年人还没有形成足够的整合能力，不能把创伤性事件进行正确的加工，也不能用言语清晰地表述创伤的过程和创伤的体验等，因而创伤性事件就会停留在他们的潜意识当中并对其日后的生活产生不良影响。老年人由于人

生阅历丰富，耐挫力较高，因此，ASD 发生率低于年轻人。对创伤性事件的威胁或危险的主观评估越高、获得的社会支持越少、对社会支持的总体满意度越低和经济损失越严重的人越容易患病。

从人格特征来看，性格内向、不善交流的人容易发生急性应激障碍，其病因与大脑皮层的生理唤醒程度水平过低或过高有关。在灾难性事件发生后，他们要么深深沉浸在痛苦中不愿与人交流，离群索居；要么表现为过强的社会依赖性，害怕独处，内心冲突严重。此外，神经质、情绪不稳定者的焦虑水平较高，在不利的创伤刺激下常会发展为病理性的神经症。最后，有精神质倾向的人常会发生严重的精神障碍。因为他们的大脑皮层要么处于高度唤醒状态，交感神经系统被高度激活；要么表现为另一个极端，处于低下的生理唤醒和激活水平。前者表现为具有强烈恐惧体验的精神运动性兴奋和盲目行为，后者表现为精神运动性抑制，甚至肢体麻木僵硬。

二、急性应激障碍的发病机制

对 ASD 发病机制的解释，最常用的是分离理论。这一理论认为，当个体被卷入天灾人祸中时，由于亲身经历了房屋损毁、丧失亲人等巨大悲痛，这时，为了减少内心的痛苦、焦虑和矛盾冲突，个体潜意识的防御机制就会发挥暂时的保护作用，通过抑制对创伤体验的觉察来回避创伤体验，从而把创伤导致的消极后果减至最少。但是这种创伤分离的作用却损害了对创伤体验的编码和与创伤相关的记忆内容的提取，使受创者对创伤性事件的记忆模糊不清，所能回忆起的细节很少，并出现严重的认知失调，增大了随后发展为创伤后应激障碍的可能性。

国外的相关研究发现，在同样经历了严重创伤性事件的人群中，有些人并没有发生急性应激障碍，并且很快地走出了逆境，表现出很强的抗挫折能力和自我复原能力；而另一些人却一蹶不振，饱受急性应激障碍症状的折磨。进一步研究发现，这两类人在对创伤性信息的编码上有明显的不同。急性应激障碍患者对创伤性事件的相关信息回忆最少，具有优先遗忘的倾向。表现为在对与创伤有关的关联词和积极词进行编码以及在回忆提取信息方面，都存在严重的缺陷。在内隐记忆水平上也出现了对创伤相关词的干扰效应，急性应激障碍患者在提取与创伤相关信息和积极信息的能力上都受到了破坏和抑制。此外，对他们口述的有关创伤的记忆内容进行分析，可发现其组织凌乱、内容分离。与同样经受创伤性事件但没有发生急性应激障碍的人相比，他们在具体记忆的提取上也存在明显的缺陷，常表现为记忆内容的过度概括化、缺乏细节或仅保留了一些凌乱的片段记忆和混乱的感官印象，并且这些模糊混乱的记忆内容很难随着时间的流逝而消退，反而时常在头脑中闪回，使人反复经受创伤性体验的折磨。

具有很强的抗挫折能力和自我复原能力的人，能够采用适应性的方式对此进行调节，其关注点不是放在防御上，不是去压抑、有意遗忘与创伤有关的信息，而是放在如何主动应对创伤、调整情绪、制订解决问题的方案、积极寻找和调动支持源以及灵活处理压力上。他们能够直接面对创伤性事件，积极陈述并赋与其意义，把人生的苦难视为成长和磨砺意志的良机。因此，他们更容易走出灾难的阴霾，把握自己的命运。

急性应激障碍中反复出现的闪回和重复体验与大脑功能紊乱有关。大脑的正常功能有赖于左、右脑的相互协调。在创伤性体验发生时，大量的负性情绪（如悲伤、焦虑、恐惧、愤怒等）一起蜂拥进入右脑的情绪中枢，单位时间内超载的信息负荷使得两侧大脑半球的加工过程受阻以致出现脱节。此时未能得到很好加工的大量负性情绪会以片段的形式冻结在右脑的某些区域，形成“扳机点”。当遇到一切能引起创伤回忆的视觉、听觉、触觉、味觉等线索时，就会一触即发，再度引发创伤性体验和痛苦。除此之外，神经系统的功能失调也会导致人们身体出现不适，如交感神经系统过度兴奋而出现心率加快、胸闷、头痛等。

三、急性应激障碍的心理干预和自我调节

治疗急性应激障碍的关键在于尽早消除创伤者的病态应激反应，降低其发展为创伤后应激障碍的可能性。因为如果不及时进行心理疏导和自我调节，约有80%的人可能发展为创伤后应激障碍。

急性应激障碍的发病机制与创伤分离有关，需要处理创伤记忆并重建记忆，包括重新评价创伤性事件以及对它的反应，其治疗过程包括建立信任的治疗关系、针对创伤的治疗、帮助患者重新融入生活等。

对 ASD 心理干预的主要方法有脑功能重塑技术、暴露疗法、沙盘游戏、支持性辅导和自我调节等。

1. 脑功能重塑技术

脑功能重塑技术是基于神经系统具有终生可塑性的观点，认为通过放松、修复、重建，可使在突变的重创下受损的大脑和心灵得以修复，从而使大脑恢复正常的功能。实现脑功能重塑的关键在于掌握平静和专注的心理能力，以及保持充满活力的生理状态。通过放松训练可以使人们学会有意识地控制和调节自身的心理和生理活动，降低机体的唤醒水平，减少焦虑、抑郁等负性情绪，通过放松、镇静来自觉调整在巨大的心理创伤刺激下处于紊乱的机能。

常用的放松训练有渐进性放松和自主训练。渐进性放松训练是通过对肌肉反复进行紧—松循环练习，促进肌肉放松和大脑皮质唤醒水平的下降，以消除焦虑症状和过度警觉。自主训练则是根据自我暗示可以得到类似催眠的放松这一原理来选择相应的标准程式放松肌肉、扩张血管、调节呼吸和降低心率。

通过放松和专注的训练可以缓解眶额皮层的过度活动、改变急性应激障碍下注意力难以集中和注意广度受限的状态，使神经系统迅速对外界环境刺激或内部的思维活动作出适应性改变，调整生理和心理的活动模式，重塑脑的功能。

2. 暴露疗法

通常首选暴露疗法来处理急性应激障碍患者的创伤记忆。暴露是提取、修改恐惧结构和减少回避的直接途径。在安全的可控环境下重复暴露，可使恐惧逐渐减弱，促使患者重新评价创伤性事件及其对创伤性事件的反应，并作出适当的认知改变，增强个人积极的期望。在暴露疗法中，比较安全和常用的是眼动脱敏技术。

（1）眼动脱敏技术及其机制。

眼动脱敏技术是一种以暴露为基础的治疗技术，其目的在于协调大脑两个半球的加工功能。由美国心理学家弗郎辛·夏皮罗（Francine Shapiro）于 1987 年创立。最初仅为眼动脱敏（EMD），1991 年进一步发展为眼动脱敏与再加工（EMDR）。夏皮罗认为，当人们经历创伤时，当时的场景、声音、思想、感觉都会被“锁定”在神经系统中。EMDR 通过双侧刺激眼动（可选刺激有交替叩击双手、晃动手指、交替的滴答声等）来激活存在于大脑中的适应性信息加工系统，从而可以有效地解开神经系统的“锁定”状态，使受创者在创伤中形成的非适应性的或功能性障碍的各种信息（如表象、情绪、认知、躯体不适等信息）转化为适应性的解决方式。

夏皮罗发明眼动脱敏技术的初衷是想帮助受创者摆脱急性应激障碍和创伤后应激障碍的闪回、恐惧、悲愤、绝望等症状的折磨，尽快走出心理阴霾，开始新的生活。她当时并未想到这一方法具有广阔的应用前景。现在这一方法不仅被广泛应用于治疗经历了巨大心理创伤的受害者或目击者，如由童年创伤、犯罪行为、自然灾难等导致的急性应激障碍、创伤后应激障碍患者，还可以用于治疗恐惧症、惊恐障碍、分离障碍、人格障碍等患者。此外，它还可以用于正常人群，以帮助他们增强自信，在学业和事业中有所作为。

夏皮罗认为人的一生难免遭遇不测，但幸运的是，人具有一种冲淡和平衡不幸事件所带来的冲击的内在本能，可以使人在不幸中学习和成长。在经历创伤时，人们的创伤记忆和负面信息常被储存，凝滞在大脑右半球的身体知觉区，影响大脑本身的调适功能，使健康的神经传导受阻，因而形成固执的想法，表现为夸大的惊恐反应，一有风吹草动就觉得大难临头并感到不适和紧张慌乱。

消极的生活事件或创伤会使大脑皮层某区域过度兴奋而阻滞正常的信息处理过程，使大脑物理信息加工系统的生化失去平衡，并引起神经病理改变，从而使大脑无法对信息进行有效加工，无法采用适应性的方法解决问题。此时，来自创伤的知觉、情绪、信念和意义都被“锁定”在神经系统内，呈阻断状态。被阻断的信息可通过情景画面、躯体感觉、情感和认知等层面的线索触动“扳机点”，形成对创伤性事件的不断闪回、分离和幻觉，使人们深陷痛苦中难以自拔，甚至出现精神错乱或抑郁，被迫采用自杀的方式来解脱。

因此，治疗的关键在于如何有效地解开神经系统的“锁定”状态，使“扳机点”失效，有效地加工阻滞信息，并恢复左、右脑的协调功能。夏皮罗发现，采用双侧刺激眼动（如在眼前摆动手指、交替的滴答声）等节奏性的干预和双眼眼球有规律的移动，可将存储在杏仁核内的未及时得到有效处理的负性情绪记忆上传到海马回，通过图像与语言加以处理。脑内神经传导活动和认知处理速度的提高，左、右脑之间的神经顺畅运作可使受阻断的信息和记忆得到加工，并有可能促进神经定向反射的改变，取得直接脱敏的效果。大量研究表明，眼动脱敏技术对创伤引起的急性应激障碍和创伤后应激障碍有快速的疗效。

此外，眼动脱敏加工加上催眠技术的应用会提高治疗的效果。这是因为催眠可以使被压抑在潜意识中的内容和记忆浮出意识层面，更有利于促进已激活了的原本存在于大脑内的适应性信息加工系统对其进行分析、转化，从而形成健康的应激反应模式。

（2）眼动脱敏与再加工的治疗过程。

整个治疗过程包括采集病史和制订计划、准备、评估、脱敏、形成、身体扫描、结束、再评估等八个阶段。

计划阶段：心理治疗师首先需要采集病史，评估患者是否适合接受这一疗法，再根据每个人的表现特点有针对性地制定合理的长期和短期的治疗目标并估计可能获得的疗效。

准备阶段：治疗师和急性应激障碍、创伤后应激障碍患者需要相互了解，建立相互信任、配合的治疗关系。治疗师介绍、解释眼动脱敏加工的过程和它的疗效，讨论患者关注和期望的事宜。帮助患者做好进入重温创伤记忆阶段的准备，教授放松技巧，使患者在疗程之间可以获得足够的休息及平和的情绪。

评估阶段：需要确定导致焦虑的创伤性记忆以及创伤性事件相关的情绪和身体感觉、评估问题的主观感觉和意象广度、确定与问题相关的消极认知并发现积极认知。测定患者的主观干扰程度和有效认知的情况，以根据患者主观痛苦程度的排序情况制订脱敏方案和发现患者的积极认知，促进治疗。

脱敏阶段：让患者集中精力回忆曾经历的创伤画面、影像、痛苦记忆、不适的身心反应及负性情绪，关注自己身体的感受和认知情况，并通过语言表达出来。然后，治疗师在患者视野内从 12 次到 24 次有节奏地晃动手指，要求患者用眼球和目光追踪这个手指，平行来回移动 15 ~ 20 秒。完成之后，请患者叙述当下头脑中的影像及身心感觉。同样的程序再次重复，直到患者痛苦的回忆及不适的生理反应（如心跳过快、肌肉紧绷、呼吸急促）被成功地“敏感递减”为止。治疗应循序渐进，引导患者先从较少引起焦虑的记忆开始回忆，逐一排除记忆中的那些消极经历并且通过深呼吸等方式进行放松，减少对创伤性事件的情感反应，并报告所思所悟。在每次想象或回忆告一段落后，都要求患者报告他们主观痛苦水平的变化以及在认知中的变化。

形成阶段：形成阶段的任务是使患者形成和增强积极的认知以取代消极的认知，用更现实的积极思维代替歪曲的认知，在侵入性的思维出现时还可以采用思维停顿技术，拒绝其再度闯入。同时进行正向的自我陈述，形成光明希望，以取代负面、悲观的想法和体验。积极的认知形成后，还需要检查是否奏效。其辨别标准为患者能够想象和回忆创伤性事件，同时身体几乎感觉不到紧张并且能够产生积极的认知。

身体扫描阶段：这一阶段要求患者从认知、情绪体验以及躯体感觉层面进行系统扫描检查，以确定患者是否在以上三个方面残留有紧张和不适的创伤性标记物存在，并为下一步的干预提供参考依据。情绪的痛苦体验往往表现为躯体不适或有紧张感，因此在身体扫描中，需要患者闭目体会全身各个部位的感受，注意捕捉是否存在情绪紧张或身体不适状况。当创伤性记忆在患者意识中出现时，若有不同程度的情绪紧张和躯体不适感，则提示该患者存在不完全性创伤，需继续进行眼动处理，直到紧张、不适感减轻或消失，治疗才算完成。而认知层面的扫描则用于了解患者对创伤画面进行认知的再加工情况，只有患者将原有的灾难画面和通过形成阶段植入的正性认知在头脑里形成牢固的连接，通过练习修通并真正取代消极悲观、自责自罪等负性想法时，才能形成战胜创伤的积极认知力量。

结束阶段：在准备结束治疗时，需要审视是否存在处理不全的情形。创伤性的记忆包括显性记忆和隐性记忆两个部分。显性记忆储存在左脑，内容为受害者能进行叙述的有关情节；而隐性记忆储存在右脑，与最需要处理的负性情绪关联，与潜意识关系密切并参与了回避行为。因此，语言处理对隐性记忆的一部分无能为力，需要采用特殊的技术使其从潜意识的层面上升到意识层面，再加以干预。例如，一些深度的被压抑到无意识层面的创伤性记忆和情绪，需要采用催眠、意象对话、沙盘游戏、艺术治疗等方法进行弥补。

再评估阶段：需重新定义患者的问题，制定新的治疗目标，进一步脱敏和重建认知，继续自我监控过程，并和治疗者共同评价疗效。

综上所述，眼动脱敏再加工的治疗可简化为使过去的创伤性事件意识化，形成目前对创伤性事件的认知—情感框架；发现、确认引发闪回的“扳机点”，激活非适应性的症状并脱敏；植入对创伤性事件合理有效的认知—情感—行为反应，增加来访者的控制感。

3. *沙盘游戏*

沙盘游戏是应用非语言的象征方式使游戏者表达潜意识的内容的疗法。通过沙盘游戏，可以起到治疗急性应激障碍和创伤后应激障碍的作用，也可以作为投射性测验用于诊断。

沙盘游戏治疗

经历严重创伤后，人们通过压抑等防御机制将愤怒、悲伤、内疚、自责等情感深深埋藏在无意识之中以减轻内心的痛苦，对创伤性事件的细节回忆很少，出现防御性的部分遗忘甚至是全部遗忘。这样要寻找相应的语言将其表达出来的可能性很低。但是，情绪的困扰却可以通过主动想象或内化为图像予以表达。沙盘中的图景不仅可以投射出患者潜意识的内容、反映出特定的文化含义，而且可以借助沙盘这一媒介将患者模糊的身体感觉和情绪转化为三维意象，呈现在患者和治疗者面前。

沙盘游戏有助于人们将隐藏于大脑深处、被压抑的非语言性内容更快地释放出来，对创伤进行修补和重建，进而实现自我康复。首先，沙盘游戏是人们在孩提时常玩的游戏，可以为受创伤者提供身心自由和保护性的空间。治疗师在沙盘游戏中给予的是非言语的共情的积极关注，通过体态语言向患者传递理解、欣赏和支持，以增强其自我探索的勇气和信心，启动自我康复的进程。而患者作品所表达的每一个图景、所选择的玩具和布局都具有象征意义。那些不善言谈的成人和儿童都可以借助沙盘含蓄的象征手段来表达内心的体验。通过沙盘，人们可以对自己陌生的、不了解的和危险的情感进行探索，安全自由地进入更深的潜意识层面，将压抑的内容外化到沙盘上；也可以通过模拟、控制可怕的创伤性事件来战胜想象中的恐惧。治疗师在沙盘游戏中常通过积极的提问而不是解释来帮助患者进行内省、顿悟和自我认同。

4. 支持性辅导

一方有难，八方支援。灾难发生后，需要加强社会支持体系，调动全社会（政府、社区、亲友、同学、同事、救援者、社会工作者、志愿者等）不同层面的力量，不单是提供物质、生活和卫生等方面的援助，更重要的是提供心理危机的干预和有效的辅导。

支持性辅导是急性应激障碍治疗中普遍使用的心理干预手段之一，主要是为受创伤者提供创伤教育和解决问题的一般技巧，降低急性应激障碍进一步发展为创伤后应激障碍的可能性。应根据创伤个体的年龄和心理发展特点进行支持性辅导。例如，儿童最容易出现无助和恐惧感，也最需要获得及时的支持和安慰。过分弱化灾难的危险性并不能消除儿童内心的恐惧，儿童更需要有关自然灾难如何发生、如何应对的有关知识。亲属、志愿者和照料者要对受到创伤的儿童更加细心地照顾，使其相信自己处于安全和保护之下；同时要鼓励他们表达自己的情绪体验，努力创造愉快的环境，减少心理上的孤独和绝望，帮助他们逐渐接受亲人或同伴遇难的事实。要重新安排儿童的生活节奏，尽快恢复其日常的学习活动，也可以通过绘画等形式寄托哀思，通过举行集体的康复仪式、布置“心愿墙”等活动帮助儿童全面地看待灾害性事件，如勇敢助人等行为，使儿童在集体的相互支持、鼓励中，在积极的愿景目标中更快地恢复、重建信心。

5. 自我调节

在急性应激障碍的康复中，自我调节十分重要。可以做的事情有：

（1）不要强行压抑悲伤和痛苦。

难过与哭泣是情绪宣泄的途径，公开说出悲伤、痛苦和创伤时的感受会有助于治疗，逃避只会延缓伤口的愈合。学会告别，终结失去亲人的悲伤。可以通过写信、写日记、折纸鹤、网上悼念等方式，向逝去的亲人、朋友或同事寄托哀思，化悲痛为继续人生征途的力量。

（2）增加日常社交和职业活动。

不要独自沉浸在痛苦中难以自拔，应尽快地重返正常的生活、学习和工作，加入幸存者的支持群体以及其他群体。这样会使思绪变得清晰和理性。在支持和帮助别人的过程中，会发现自己具有助人的潜力，而别人也需要帮助。助人的过程会使自己忘却悲伤，减轻无助感，重拾信心、增强自信，并提升战胜困难的勇气。同时，他人的关心和问候也可以使自己感受到人间的真情和温暖，而他人的积极应对方式和提出的建议往往会使自己受益匪浅。

（3）避免扣动引发创伤性体验的“扳机点”。

妥善保管遇难亲属等的遗物，尽量回避有关创伤性事件的地理区域，开辟一条替代的路线以避开反复接触创伤环境，从而避免触景生情或强化创伤性体验。

（4）采用积极的自我暗示。

积极的自我暗示通过运用语词来改变自身的思想和心态。以积极正面的语言取代负面的语言，以突破的话语代替困境的话语（见表2－2）。

表2－2 困境的话语与突破的话语的比较

困境的话语	突破的话语
1. 我不要没有人理睬我	我会去交些新朋友；我要和很多人沟通
2. 这问题没法解决	这问题需要一个新的思考角度；我们有一个新的挑战
3. 从来没有想过	这事有新的发展可能；是该去想一想了
4. 以前从未有人做过	我们有做第一个的机会；应该怎样开始
5. 以前试过都不成功	从前的经验给了我们什么教训；我们需要找一个新做法
6. 我没有信心	其中什么事情我不能控制；怎样可以提高自己的能力
7. 这事情太复杂了	找一个新的角度去看它；把它拆细去处理
8. 时间不够	有些事情的重要性需要检讨；如何才能提高效率
9. 我不知道应该做些什么	我的需要便是我的目标；有谁可以给我意见
10. 我觉得很无奈	我要找出新的选择；怎样可以造成突破

（资料来源：郑希付，张皓．地震灾后心理康复完全手册．广州：暨南大学出版社，2008：50～51）

(5) 学会肌肉放松技术，以减少自发唤醒的焦虑和过度警觉的症状。

可以采用音乐系统脱敏或音乐精神减压放松的方法来治疗焦虑、紧张和恐惧。因为舒缓的音乐可以促进生理和精神的放松，使治疗对象更容易进入放松的状态，并形成一个引发放松反应的条件反射信号。音乐仅在肌肉放松训练时呈现，而在想象情景时并不呈现，这样舒缓的音乐就会冲淡或削弱想象情景中的紧张、焦虑或恐惧反应，起到逐步脱敏的作用。此外，还可以采用音乐催眠的方法来治疗睡眠障碍。其顺序为首先进行音乐想象，然后进行肌肉渐进放松训练，在全身肌肉放松完成后，增加有关睡眠的暗示语进行催眠（见表 2－3）。

表 2－3　主动式肌肉渐进放松的步骤

准备状态：躺下或保持舒服的坐姿，然后遵循以下指令进行：
1. 握紧拳头—保持住—放松—体会放松的感觉
2. 胳膊使劲儿弯曲—保持住—放松—体会放松的感觉
3. 双肩向前使劲儿耸起—保持住—放松—体会放松的感觉
4. 头部向胸部抬起（坐姿：下巴向下接触到胸部）—保持住—放松—体会放松的感觉
5. 使劲儿咬紧牙关—保持住—放松—体会放松的感觉
6. 上身微微抬起（坐姿：收紧腹肌）—保持住—放松—体会放松的感觉
7. 使劲儿向下蹬腿—保持住—放松—体会放松的感觉
8. 脚趾使劲儿往里弯曲（坐姿：脚趾使劲儿抓地）—保持住—放松—体会放松的感觉

（资料来源：高天．音乐治疗导论．北京：世界图书出版公司，2008：55～56）

(6) 发掘认知的误区，探寻在负性情感反应和创伤之间起中介作用的歪曲认知。

幸存者、灾难目击者、被困人员和救援人员等面对灾难的惨状以及无法挽回的生命时，常会产生内疚和自责，甚至负罪感。在救灾现场，他们承受了超越极限的生理和心理压力，一方面连续救援，忘记了疲劳和危险；另一方面又由于救援能力有限，有很多鲜活的生命无法救助；或者好不容易救出来，又因重伤去世。这会导致许多不良的身心症状，引发意志消沉、抑郁、自残等，严重者甚至自杀。

四、急性应激障碍的转归

及时、适当的心理干预以及来自全社会的支持，可以帮助急性应激障碍患者逐渐走出创伤的阴霾，最终得到康复。但若创伤后的病态应激反应未能及早消除，或干预措施不利以及最初因为分离症状表现不突出而出现漏诊的情况，就会使创伤者进一步发展为创伤后应激障碍。它具有高致残率、慢性迁延等特点。因此，对创伤后应激障碍的防治是灾难事件后心理卫生工作的重点。

第二节　创伤后应激障碍

一、创伤后应激障碍的概念

创伤后应激障碍（Post Traumatic Stress Disorder，简称 PTSD），是一种创伤后的心理失衡状态，是个体对创伤等严重应激因素的一种异常精神反应，是由突发性、威胁性或灾难性生活事件导致个体延迟出现和长期持续存在的精神障碍，又称为延迟性心因性反应。其发生最初认为与战场创伤经历有关，但后来发现洪灾、地震、飓风、海啸、泥石流等自然灾害事件和暴力袭击、强奸、虐待、绑架以及火灾、重大交通事故和疾病等生活中的特殊应激事件都可以导致 PTSD 的发生，因此它是一切由严重的精神创伤性事件引发的共同的精神障碍的总称。

PTSD 通常在创伤性事件发生三个月后出现（在这之前的被称为急性应激障碍），但也可能在事发后数个月乃至数年后延迟发作。引发创伤的事件包括战争、暴力犯罪、性侵害、严重交通事故、自然灾害、技术性灾难（technological disaster）、长期监禁与拷问等，罹患PTSD者多为直接接触创伤性事件的幸存者（受害者）、目击者与救援者。症状持续时间视患者的状况而异。

美国精神医学会出版的《精神疾病诊断与统计手册》第四版（DSM-Ⅳ，1994）对创伤后应激障碍的界定是：PTSD是个体对超出常见经历范围的明确的创伤性事件作出的反应，是常态急性创伤症状的一种延续，它主要导致该个体出现持续重复体验创伤性事件经历、逃避回忆及反应麻木、警醒增高三类特征性症状群。同时，该手册将PTSD归在焦虑障碍中，分为急性（症状持续少于3个月）、慢性（症状至少持续3个月）、伴延迟起病（症状在应激后6个月以上才出现）三种类型。早期识别和及时干预可明显降低其发生率和严重程度。

二、创伤后应激障碍的表现

创伤后应激障碍的临床表现，主要有以下三个方面：第一，重现以往的创伤性事件。如某些与创伤相关的事件可诱发噩梦、突然行为障碍或某种情感反应，自感以往创伤性事件会再次发生而惊恐不已等。第二，逃避任何可引起创伤联想的刺激。如拒绝、害怕重返可引起创伤回忆的环境，无法回忆创伤时的某些重要方面，生活情趣消退，情感表达障碍等。第三，易受激惹症状。如易惊、早醒、睡眠规律改变、惊吓反应、脾气暴躁等。

1. 闪回

如伤害事件的记忆或画面不断地出现在梦境中，或即使在清醒状态下也不断地在脑海中重现，因而使受害者经常处于惊恐和痛苦之中不能自拔，好像创伤性事件就发生在刚才一样。这种现象被称为“闪回”。

2. 回避

外显的回避症状常常包括受害者明显的心理防御机制，或是直接表现出的回避。出于对痛苦的不再体验，个体会主动回避一些可能引发创伤体验的事或物，而且这种回避反应可能无意识化，即表现为“遗忘”。这种回避反应一方面对个体是一种保护机制；另一方面它会延缓个体PTSD相关障碍的复原。最常见的此类症状包括：①明显的解离症状。受害者隔离开，明显地死盯着某一点（如目不转睛），以一种不接触的方式行动，或者看起来进入一种不同的自我身份状态。②自我报告的解离。受害者描述了诸如去人格化（如灵魂出窍）体验或者去现实化（如好像在梦里一样）体验。③中毒。受害者明显处于药物或酒精中毒的状态。④努力回避。受害者描述了自己努力回避PTSD症状的行为，诸如回避可能会激发创伤性侵袭症状或困扰的人、地点或情境。努力回避还包括在治疗中明显地回避讨论创伤性材料。拒绝接受治疗也可能反映了回避的努力。

3. 高警觉性

高警觉性是指许多小的细节、事件都能引起受害者比较强烈的反应，进一步表现为失眠、注意力不集中等。

4. 身心反应

身心反应主要体现在以下三个方面：

（1）转换反应。如瘫痪、麻木、失明、失聪。

（2）身心反应。先占性的躯体功能障碍。

（3）心因性疼痛。如医生无法解释的骨疼痛或慢性疼痛。

5. 认知困扰

与PTSD相关的认知困扰有低自尊、无助感、绝望感，过多或不恰当的内疚感以及羞耻感，过度估计环境中的危险水平等。

6. 与创伤有关的应激宣泄行为

自残行为、无节制的狂欢和发泄、过度的和不适应的性行为、强迫偷窃、冲动攻击行为等都属于应激宣泄行为。

三、创伤后应激障碍的诊断

及时地筛查出PTSD患者，尽早给予干预治疗是减轻致残率的重要环节。学者们根据长时间的观察以及临床经验，得出 PTSD 的三大核心症状，即闯入性症状、回避性症状和警觉性增高症状。闯入性症状是指对创伤性事件的重复体验、创伤性事件的插入性记忆、有关的刺激性梦魇等；回避性症状是指保护性的反应，对与创伤有关刺激的回避，情感麻木，社会生活退缩，避免社会交往等；警觉性增高是指警惕性强，易受激惹、惊吓，对其他创伤性或非创伤性事件超警反应，存在强烈的羞愧、内疚和耻辱感。

1. *创伤后应激障碍的诊断标准*

对于 PTSD 的诊断，可将其分为一般诊断和专业诊断。对于遭受过创伤的个人或群体，其周围的亲朋好友可以根据一般的诊断标准对其进行初步判定，从而最大限度地降低 PTSD 的患病率。在经过初步诊断后，可由专业的精神卫生医生进行进一步确诊。

（1）PTSD 症状诊断的一般标准。

①反复体验创伤性事件引起的生理和心理反应。有关创伤的记忆不受意志控制，经常突现于日常生活中，给当事人带来强烈的痛苦体验。具体包括：闯入性思维，不由自主地回想创伤性事件的经过；反复发生错觉、幻觉；记忆闪回，反复发生触景生情的精神痛苦，因面临与刺激相似或有关的情景而感到异常痛苦，并出现明显的生理反应，如心悸、出汗等。

②警觉行为。过度警觉是生理和情绪记忆痕迹的症状表现。这些记忆痕迹使大脑对威胁有关的感觉过于敏感，从而触发和再次触发警觉反应，主要表现为注意力无法集中；失眠或易醒；愤怒或易受激惹；过度警觉或过分担惊受怕。

③麻木、回避和孤立感。这组症状表明个体没有能力表达内心的情感，或不能与其他个体保持正常的联系。这些症状可以看做个体为了逃避与事件相关的痛苦体验而进行的自我心理保护，但它们会损害当事人的心理健康和环境适应能力，这组症状主要表现为竭力不去想有关创伤经历的人和事；回避唤起创伤性事件的活动或避免到可能引起痛苦回忆的地方去；兴趣爱好减弱，回避个体在创伤性事件前表现出的习惯或喜爱的活动；情感疏远和人际孤立，不愿与人交往，对

亲人变得冷淡；“情感麻醉”造成的情感或感觉减弱；选择性遗忘；对前途不乐观，丧失希望和信心。

④创伤反应和症状造成的功能损害。我们还需要评估创伤反应或症状的严重程度，这主要是看这些症状或反应是否明显干扰了个体的正常生活方式和社会活动，包括个体创伤前后在工作或学习中的效率水平、家庭健康状况、社会联系、参加娱乐和体育活动的情况、坚持个人信仰或信念的能力等。

上述症状可能出现在任何创伤反应的初始时期，但只有持续一段时间即多个月以后（表现出延迟的特点）才会成为 PTSD 的症状。

（2）专业诊断标准。

现有的 PTSD 筛查工具有多种，表 2－4 是 Breslau 等于 1999 年编制的测查问卷，包含七个问题，回答“是”为阳性，回答“否”为阴性。对于暴露于创伤的患者，该问卷四项以上回答为阳性者，PTSD 诊断率达 71%，四项以下为阳性者，有 98% 不符合 PTSD 诊断。因此，如果四项以上回答为阳性，可作为疑似 PTSD 诊断。该问卷较为可靠，准确率与其他评估工具相等。

表 2－4　PTSD 的初筛问卷

1. 你是否刻意远离特定的场所、人群或某些活动以避免想起创伤经历
2. 你是否对非常重要或曾经很喜欢的事情丧失了兴趣
3. 你是否开始觉得孤独或远离人群
4. 你发现很难感受旁人的关爱或情感吗
5. 你是否开始觉得对未来茫然无措
6. 你是否比以往难以入睡或易醒
7. 你是否变得易受普通声音或动作惊吓

[资料来源：申远等．澳大利亚成人急性应激障碍和创伤后应激障碍治疗指南．国际精神病学杂志，2008，35（3）：144～149]

Breslau 编制的测查问卷被广泛作为粗筛工具，粗略地从受灾人群中检测出疑似 PTSD 患者以及初步诊断为 PTSD 的患者。但确诊还需进一步根据美国精神病学协会 DSM-IV 的诊断标准进行诊断（见表 2-5）。

表 2-5　DSM-IV-TR 创伤后应激障碍诊断标准

A. 患者曾暴露于某一（精神）创伤性事件，并存在以下两种情况：

（1）患者亲自体验、目睹或遭遇某一件或数件涉及几乎导致死亡或严重损伤，或者自己及他人躯体完整性受到威胁的事件

（2）患者有强烈的害怕、无助或恐惧反应。（注：如是儿童，则可能表现为行为紊乱或激越）

B. 长时间反复地再体验创伤性事件，出现一种以上的下列症状：

（1）不由自主地反复再体验创伤性事件的痛苦回忆，包括表象、思想或知觉。（注：如是幼儿，则表现为反复地进行与创伤主题相关的一些游戏）

（2）反复出现关于类似创伤性事件的梦境（噩梦或梦魇）。（注：如是儿童，可能是叙述不清的令人可怕的梦）

（3）突然发生的情感体验或行为，似乎创伤性事件又在重演（包括某些人在清醒或酒醉时似乎轻松的感觉，如错觉、幻觉或解离性闪回等）。（注：如是幼儿，可表现为再扮演有关情节）

（4）病人在遇到象征或类似该创伤性事件某方面的内在或外在线索时，产生强烈的精神痛苦

（5）病人在遇到象征或类似该创伤性事件某方面的内在或外在线索时，产生明显的生理反应

C. 持续地回避与创伤性事件有关的刺激，或有普遍性反应迟钝或麻木（创伤前没有这样的情况），至少表现出以下状况中的三种：

（1）努力避免有关创伤性事件的观念、感受或谈话

（2）努力避免从事或接触可以唤起痛苦记忆的各种活动、处境或人

（续上表）

(3) 不能回忆创伤性事件的某些重要方面

(4) 对参加重要活动的兴趣显著减退

(5) 有与其他人疏远、脱离的感受

(6) 情感范围显著变窄（如不能有爱的感觉）

(7) 对未来失去向往，缺乏对未来的想象、希望和打算（例如，不期望有好的工作、婚姻、儿女或正常的生活享受）

D. 警觉性增高的症状，表现出下列症状两种以上：

(1) 难以入睡或易醒

(2) 易受激惹或易发怒

(3) 注意力难以集中

(4) 过分的惊跳反应

E. 症状（B、C、D 项）持续超过一个月

F. 此障碍产生了临床上明显的痛苦烦恼，或在社交、工作及其他重要方面的功能受损

注：急性：病程在 3 个月之内

慢性：病程在 3 个月以上

伴延迟起病：症状后至少 6 个月才发生

[资料来源：APA（2000）]

灾后人群是否存在应激后创伤，具有很大的个体差异，不是每个人在遇到异乎寻常的强烈刺激或灾难性事件后都会留下心理创伤。造成创伤与自己的个人因素有关，如自己的人格因素、对灾难事件的认知评估、是否拥有社会支持等。做好创伤应激评估是确定自己是否需要心理援助的先决条件，也是评估创伤后应激等级的一个重要环节。因此，确立创伤应激评估的标准是临床诊断中的一个重要依据。

当个体遭遇创伤应激后，可以对照上述标准对自己的心理状态进行自我评

价，当符合其标准时，可能存在应激创伤，在某种程度上具有心理适应的困难，可寻求专业的心理支持或心理援助。

2. 创伤后应激障碍（PTSD）与急性应激障碍（ASD）的鉴别诊断

在对创伤后应激障碍（PTSD）进行诊断时，很容易与急性应激障碍（ASD）相互混淆，而鉴别的错误会对病症的干预和治疗产生直接的影响。因此，必须要做好区分。下面将从诊断标准、症状标准、严重程度、病程标准和排除标准等方面对二者进行鉴别（见表2-6）。

表2-6　急性应激障碍与创伤后应激障碍的鉴别

鉴别项目	急性应激障碍	创伤后应激障碍
诊断标准	以急剧、严重的精神打击作为直接原因。在受刺激后立刻（1小时之内）发病。表现有强烈恐惧体验的精神运动性兴奋，行为有一定的盲目性；或者为精神运动性抑制，甚至肢体麻木僵硬。如果应激源被消除，症状往往历时短暂，预后良好，缓解完全	由异乎寻常的威胁性或灾难性心理创伤导致延迟出现和长期持续的精神障碍。主要表现：①反复发生闯入性的创伤性体验重现（病理性重现）、梦境，或因面临与刺激相似或有关的境遇而感到痛苦和不由自主地反复回想；②持续的警觉性增高；③持续的回避；④对创伤性经历的选择性遗忘；⑤对未来失去信心。少数病人可有人格改变或有神经症病史等附加因素，从而降低了对应激源的应对能力或加重了疾病过程。精神障碍延迟发生，在遭受创伤数日甚至数月后才出现，病程可长达数年

（续上表）

鉴别项目	急性应激障碍	创伤后应激障碍
症状标准	以异乎寻常的和严重的精神刺激为原因，并至少有下列1项：①有强烈恐惧体验的精神运动性兴奋，行为有一定的盲目性；②有情感迟钝的精神运动性抑制（如反应性麻木僵硬），可有轻度意识模糊	①遭受对每个人来说都是异乎寻常的创伤性事件或处境（如天灾人祸等）；②反复重现创伤性体验（病理性重现）；③持续的警觉性增高；④对与刺激相似或有关的情境的回避（详见PTSD诊断标准）
严重程度	社会功能严重受损	社会功能受损
病程标准	在受刺激后若干分钟至若干小时内发病，病程短暂，一般持续数小时至1周，通常在1个月内缓解	精神障碍延迟发生（即在遭受创伤数日至数月后，罕见延迟半年以上才发生），符合症状标准至少已有1个月
排除标准	—	排除情感性精神障碍、其他应激障碍、神经症、躯体形式障碍

需要注意的是，这些诊断标准必须由专业的精神科医生来进行最后的确诊，用专业测评工具评估当事人创伤反应或症状的严重程度，看是否对其正常的生活方式和社会活动形成干扰，从而科学地、准确地进行诊断并制订治疗计划。

3. PTSD自评量表（PCL-C）

表2-7中的问题和症状是人们对一些紧张生活经历的普遍反应。请仔细阅读，并根据个人的程度，在右框选择打分。

表 2－7　PTSD 自评量表

事件＼等级	一点也不	有一点	中度的	相当程度的	极度的
1. 过去的一段压力性事件的经历会引起反复发生的令人不安的记忆、想法或形象	1	2	3	4	5
2. 过去的一段压力性事件的经历会引起反复发生的令人不安的梦境	1	2	3	4	5
3. 过去的一段压力性事件的经历仿佛突然间又发生了、又感觉到了（好像又再次体验到了）	1	2	3	4	5
4. 当有些事情让你想起过去的一段压力性事件的经历时，你会非常局促不安	1	2	3	4	5
5. 当有些事情让你想起过去的一段压力性事件的经历时，有身体反应（如心悸、呼吸困难、出汗等）	1	2	3	4	5
6. 避免想起或谈论过去的那段压力性事件经历或避免产生与之相关的感觉	1	2	3	4	5
7. 避免那些能使你想起那段压力性事件经历的活动和画面	1	2	3	4	5
8. 记不起压力性经历的重要内容	1	2	3	4	5
9. 对你过去喜欢的活动失去兴趣	1	2	3	4	5
10. 感觉与其他人疏远或脱离	1	2	3	4	5
11. 感觉到感情麻木或不能对与你亲近的人有爱的感觉	1	2	3	4	5
12. 感觉好像你的将来由于某种原因将被突然中断	1	2	3	4	5
13. 入睡困难或易醒	1	2	3	4	5
14. 易怒或怒气易爆发	1	2	3	4	5
15. 注意力很难集中	1	2	3	4	5

（续上表）

事件 \ 等级	一点也不	有一点	中度的	相当程度的	极度的
16. 处于过度机警或警戒状态	1	2	3	4	5
17. 感觉神经质或易受惊	1	2	3	4	5

参考值范围为 38～47 分。

17～37 分：无明显 PTSD 症状

38～49 分：有一定程度的 PTSD 症状

50～85 分：有较明显的 PTSD 症状，可能被诊断为 PTSD

（结果非诊断性，仅供参考）

［拓展阅读］

PTSD 检查表平时版（the PTSD cheeklist-civilian version，PCL-C）是美国创伤后应激障碍研究中心行为科学分部于 1994 年 11 月根据 DSM-W 制定的、由 17 项条目组成的 PTSD 症状调查表。中文译文是由姜潮教授、美国纽约州立大学布法罗学院张杰教授和美国 PTSD 研究中心经过多次中英文双译于 2003 年 7 月完成的。PCL-C 量表是专为评价普通人在平时生活（与战争相对而言）中遭遇创伤后的体验而设计的。它要求被试根据自己在过去一个月内被问题和抱怨打扰的程度打分，分为五个等级：一级为“一点也不”，二级为“有一点”，三级为“中度的”，四级为“相当程度的”，五级为“极度的”。可分为四个因素，分别为警觉增高反应；回避反应；创伤经历反复重现反应；社会功能缺失反应。累计各项的总分（17～85）越高，代表 PTSD 发生的可能性越大。此表基于症状的数量和严重程度提供一个连续的评分，是一个多维度观察 PTSD 的工具，可以为临床治疗护理提供对 PTSD 主要症状更为详尽的描述，还可在临床研究中作为评价心理干预效果的工具。在美国，PCL-C 量表常作为 PTSD 症状诊断和干预或治疗 PTSD 的效果评价量表。

经研究，PCL-C 中文版具有较高的信度和效度，并具有较好的区分度。

（资料来源：杨晓云．医科大学生创伤后应激障碍的生成、归因及干预实验研究．辽宁师范大学博士研究生学位论文，2007）

四、创伤后应激障碍的影响因素

PTSD 的影响因素很多。创伤前消极生活事件的多寡、创伤性事件中暴露的程度、创伤的持续时间、威胁的大小、亲人丧失以及财产损失情况、目睹灾难和死亡的程度、个人的应对策略和适应能力、复原力的强弱、感知到的社会支持情况、社会资源的多寡、组织和机构的反应以及性别、人生阅历、是否得到及时、有效的干预等都会影响创伤后应激障碍的发生率和预后情况。

负性的生活事件具有破坏性，会使个人的行为调节发生困难。任何生活变化都需要个体动员机体的应激资源去应对。创伤前消极生活事件的经历再加上天灾人祸，无疑是雪上加霜，会耗竭对压力源适应的能量，导致创伤后应激障碍的发生。如 Creamer 等发现，澳大利亚人群中以往有被强暴史或被性骚扰史的人，在接触创伤性事件后的 PTSD 患病率最高。此外，生活中的应激事件还会影响 PTSD 症状的缓解和预后。一般而言，PTSD 症状在创伤暴露后 1 年内会有相当改善，且在随后 6 年内持续减少，但是有 40% 的首发患者可持续多年而得不到缓解。研究发现，高未缓解率存在于某些特殊人群，如美国越战退伍老兵和消防队员等。

PTSD 如能得到有效治疗，则较少转为慢性病程。有关研究表明，有效治疗后约 1/3 的患者可获得很好的恢复，约 1/3 适当恢复，而仍有 1/3 似乎不能从治疗中获益。这与个人的应对方式、人格特点、社会支持的多寡都有关系。国内有关研究发现，应激生活事件不仅对心理健康有直接影响，还可以通过社会支持、应对方式间接影响人们的心理健康状况。负性的生活事件可以通过负性的自动思维和应对方式的中介作用对抑郁产生显著影响。如感到无能为力，只能听从命运安排等负性看法会使人们产生悲观失望的情绪，采取逃避式应对，甚至以自杀来逃避痛苦的煎熬。

灾后的社会支持尤为重要。社会支持可以缓解压力、降低 PTSD 的严重程度以及促进康复的进展。社会支持既包括社会各界所提供的经济援助，以解衣食住行、防疫卫生等燃眉之急；也包括情感上的支持和信息性的支持，前者如陪伴倾听、共情理解、鼓励尊重等，后者为提供有关信息、使受创伤者了解自身的处境以减轻对未来生活的焦虑并增强信心。提供有力的社会支持对于促进PTSD的缓解具有一定的价值。研究表明，社会隔离是疾病发生和死亡的主要危险因素，人际关系和免疫功能联系密切，良好的社会支持可使人们增强免疫力、降低抑郁水平。

从生物学的角度来看，情绪对健康损害影响最大的时段是幼年期和老年期。强烈、持续的负性情绪可导致免疫功能紊乱，出现身心疾病。情绪和疾病的关系可简化为以下过程：消极思想、痛苦或恐惧情绪→应激→免疫系统紊乱＋时间＝各种疾病。罹患PTSD的儿童常会出现严重的偏离行为，如变得好动、冲动，出现严重的恐惧、忧郁、焦虑和失眠等症状，还会出现退化性行为失控，如尿床、遗粪、口吃等，严重时甚至会出现人格解体、幻觉等精神病症状。老年人由于年迈体弱，各种生理机能衰退，在灾难面前容易受到惊吓、产生恐惧；又常常由于担心亲人会受到伤害而焦虑不安、精神萎靡、生活兴趣低下；加之怕给别人增添麻烦，常会将自己的感受闷在心里不向他人倾诉，没有把负性的情绪释放出来，因而缺乏来自他人的心理安慰和支持，很容易旧病复发从而出现意外。

国内外研究还表明，PTSD的女性患病率高于男性。这是因为面对灾难时，女性一般不如男性坚强，更容易出现惊恐、反复体验创伤和抑郁、焦虑等负性情绪，从而影响身心健康。

五、创伤后应激障碍的发病机制

PTSD的一个突出表现是创伤性事件的反复出现，常出现创伤性的记忆、梦魇（噩梦）和幻觉。5·12汶川地震后，有29.41%～35.81%的灾区群众出现上述闯入症状群的表现。为什么灾难已经过去，创伤性记忆还挥之不去，死死纠缠着不幸的人们呢？这就需要了解与之有关的认知功能失调和背后潜藏的神经心理学机制。

现代研究表明，创伤性记忆具有感性、情绪化和非语意性特点，倾向于随意侵入意识层次。因此，灾难过后遭受精神打击的人们（如失去孩子的父母、失去双亲的幼儿、目睹亲人和求援对象濒死的惨景等），脑海里常会不由自主地反复出现血淋淋的灾难画面。乞求援助的双手、恐惧的眼神、沾满血迹的遗物等似乎都历历在目，一些人甚至会出现已故亲人或被救助者就在眼前的画面，仿佛身临其境而再次陷入深深的痛苦之中，并加重了内疚或负罪感。因此，创伤性记忆、尤其是情绪记忆具有支离破碎特点的，常常会自发重现创伤性事件的幻觉，如看见已遇难的亲人又走入家中等。有关的记忆以及相关场景的不真实片段的突然闯入，往往会干扰大脑对信息的正常加工和编码，进而导致认知功能失调。要么表现为歪曲或缩小创伤性事件的真相（消化过度），要么表现为扩大创伤性事件，认为承受的危险是独一无二的（调适过度）。

“消化过度”与潜意识的否认机制有关。Horowitz 等人用社会认知的观点剖析了 PTSD 的创伤记忆的形成机制，并将重点放在对创伤信息的认知加工上。他们认为认知加工的原动力是一种完形倾向，人们将新信息整合进预存的认知模型是一种心理需要。人们在经历创伤后，起初号啕大哭，继而出现信息超载。此时关于创伤经历的记忆、想法和表象都不能与当前的图式相融合，从而使一些心理防御机制发生作用，把创伤信息压抑到潜意识中去，使个人经历一段麻木和否认事实的时期，并表现为消化过度的认知失调。但是，完形倾向却力图使与创伤有关的信息保存在激活记忆中，以达到与预存模型的整合，于是导致心理防御机制的崩溃，促使创伤信息重新进入意识层面，表现为闪回、噩梦等。这种信息加工的失败意味着部分创伤信息依然保持在激活记忆中而没有完全整合，因此导致了顽固性的创伤后反应，即 PTSD。

“调适过度”是指对相关的事件或信息的刺激过度反应、过度警觉和过分惊吓，这会扰乱个人的正常生活，破坏机体的身心平衡状态。需要注意的是儿童在创伤记忆的症状表现上与成人有所差别。成人多出现创伤性事件的闪回和回忆，而儿童则可能更多的是在噩梦中再次体验创伤性事件。白天，他们对创伤性事件的回忆常通过游戏等表现出来，如在绘画中反复画与创伤有关的画面、画肢残的人物和倒塌的房屋；玩与创伤性事件有关的游戏；出现退缩行为、反社会行为、攻击行为或学习问题等。夜晚，则常常被噩梦惊醒或哭闹不止。

此外，创伤后人们会试图在认知和情感上远离创伤，努力切断侵入性的创伤记忆和痛苦情感之间的联系，会出现认识孤立和情感体验分离的现象。PTSD 患者为了避免回忆痛苦的经历，会采取单调固定的方式生活，或情感麻木、离群索居，回避与他人的正常沟通，这样会使他失去来自他人的宝贵支持。因此，对创伤记忆的有意回避虽可暂时缓解痛苦，但是却强化了回避的应对方式和行为。

PTSD 的临床障碍以记忆损害为主，提示 PTSD 的脑活动区域与记忆的脑区活动有关。Natt 报道了 PTSD 的脑影像研究，发现大脑中某些区域与创伤的表达密切相关。如边缘系统中的海马体积持久性缩小，而海马功能与情绪调节密切相关。研究发现，PTSD 的病理基础为在强烈的创伤刺激下，前额叶、杏仁核、海马、扣带回、后脑区、背缝核等与精神应激有关的脑区都发生了变化。

前额叶功能下降，不能有效抑制不恰当的认知和情绪反应，影响了有效行为的执行和计划，失去了协调整合与正确表达情绪的能力，使恐惧性条件反射难以消退。

在正常情况下，杏仁核主要与情绪有关，在中枢神经系统中完成对外界传入信号的情感意义的评估。然后再通过它和下丘脑、海马、前脑的联系，指导人们作出记忆、遗忘、行动等反应。杏仁核同时还要接受其他脑区的投射，对应激反应进行调节。当杏仁核受创时，前扣带回的活动受到抑制、海马萎缩从而使其对杏仁核的抑制作用减弱，杏仁核的活性增强但功能受损，就会使 PTSD 患者的恐惧性条件反射进一步增强。

海马是与学习和记忆有关的脑结构，与陈述性记忆的储存、重组和提取有关。海马受损可影响陈述性的记忆，引起行为的脱抑制，导致对环境刺激过于敏感，但对情绪记忆没有影响。因此，PTSD 患者常表现出陈述性记忆下降，而悲伤、恐惧、愤怒等负性情绪随着时间的推移仍然十分强烈。此外，海马的功能受杏仁核与前额叶皮层的调控，因此强烈的负性情绪会抑制对信息的评估和归类过程。人们在抑郁症动物模型和抗抑郁药的基础研究中也发现其海马区域的神经元数目有明显的变化。在受体表达的功能影像学研究中发现，GABA-A 受体的数目呈区域性降低，而 GABA 又是主要的中枢抑制性神经递质，对调节应激和焦虑情绪反应有着举足轻重的影响。因此，在创伤性刺激下，除了不同脑区损伤和结构改变外，还影响神经递质的变化。

强烈的心理创伤导致的脑损伤多发生在大脑右半球。大脑右半球的作用是参与评估信息的负性情感意义，协调自主神经系统和激素对刺激的反应，尤其是将对负性情感的表述和体会表达出来。在严重的创伤应激下，不仅会损伤大脑右半球，还会损伤左半球的布洛卡区，使患者难以把创伤的痛苦情绪体验转变成言语宣泄出来。

总之，创伤心理与不同脑区功能活动失调、病理性认知和负性情绪有关。因此，对创伤心理的干预和自我调节需要以心理学的相关研究为参考，探讨心理复原力的大脑和神经生物学机制，以促进 PTSD 患者的康复。

六、创伤后应激障碍的心理干预

对 PTSD 的心理干预除了可以运用急性应激障碍所提及的方法之外，还可以运用叙事治疗、艺术治疗等方法，严重者则需采用药物治疗。

1. 叙事治疗（narrative therapy）

叙事治疗由澳大利亚的迈克尔·怀特（Michael White）和新西兰的戴维·爱普斯顿（David Epston）于 20 世纪 80 年代创立。叙事治疗认为，心理学应该研究人们的生活故事，因为故事本身反映了个体心理发展与变化的过程。在述说生活故事的过程中，人格和自我得以存在。个体通过叙事的原则使事件之间产生联系，叙事通过对事件的时间组织和情节结构把过去、现在和将来有意义地串接在一起。当个体遭遇创伤性事件时，会破坏原来的连续性，从而陷入悲痛中难以自拔，失去生活的目标和意义，找不到自我的方向。因此，需要帮助“修复故事”，对充满悲伤、不幸、无助的问题故事进行修订、解构，重新建构一个新的、摆脱了问题消极影响的人生故事。

叙事治疗取代了传统理性情绪疗法质疑当事人的非理性观念的做法。治疗师以学习者的姿态去倾听当事人的故事，强调当事人的心理能力和心理健康，而不是病理诊断。通过倾听当事人赋予问题故事的意义，去分析问题故事对其生活的影响，并对问题故事进行解构、寻找问题影响的特殊时刻以及相应的体验；通过对问题的外化，激发当事人自身的潜能，积极利用一切资源和有效的应对措施向问题挑战，重新构造一个新的、充满力量的人生故事；通过创造机会，使当事人看到自身的力量并体验成功。例如，在治疗创伤时，治疗师首先会询问当事人的有关感受，并提出如下问题：无助的情绪是如何滋生的？压抑是如何让你对现在的生活产生距离的？当下的孤独感是何时开始侵入你的生活的？孤独感是如何让你觉得你无法和其他人融洽相处的？在什么时候你觉得自己是有价值、有能力的？你怎样设法使自己感到有能力获得成功？治疗师提问的目的是为了促使当事人能找到更好的解决问题的方法，发现没有被消极情境击倒的时刻以及成功的例子，以此为基础形成新的自我，对造成当事人压抑、无助、孤独情绪的社会情境进行解构。在解构中，关键是用问题的外化来卸除当事人的心理负担，从全新的角度来看待曾经困扰当事人的问题。如要求当事人回答“灾难是如何搅乱你的生活的”，“它是如何妨碍你认识自己的能力的，又是如何让你失去了勇气和能力的”，“它是如何让你在酗酒中找到安慰的”等问题。目的是为了将问题和当事人分开，为当事人提供认识自我的更多的可能性，然后重写故事。在建构新故事时首先鼓励当事人将回忆起来的日常生活中曾有过的、有力量的瞬间和事件连接起来，从中发现自己的潜能，增强自信。

此外，在治疗的不同阶段，叙事治疗还运用了举行仪式的特殊技术。在治疗之初，举行的是问题界定仪式，目的是通过治疗师和当事人双方的共同努力，更好地凝聚力量、澄清问题，以增强当事人的信心，提升其对生活和问题的控制感。问题不是一成不变的，而是在双方的讨论、对话中建构的。因此，问题和治疗目标都会随着治疗的进展发生相应变化。对于已解决的问题，举行的是阶段性进步仪式，如颁发奖状，作为对当事人进步的见证。随着治疗的深入，当事人逐步战胜了困扰、主动改变了原先回避、退缩的应对方式，并开始领悟自己要去寻找更有意义的新生活，这时，举行的就应是治疗结束仪式了，其目的在于促进交流、加深记忆、展望未来，使当事人在治疗结束后仍能从对治疗经历的回忆中获益。因此，举行仪式的核心在于使当事人的信念从无助向可控转变，而仪式只不过是信念的外在表现。

2. *艺术治疗*（art therapy）

艺术治疗就是以艺术（包括绘画、音乐、舞蹈、雕塑等艺术形式）为介质而进行心理辅导与治疗的方法。这种疗法因其实践过程中绕开了语言的部分，因而具有传统心理治疗所无法比拟的干预效果。

艺术治疗的先驱是埃迪特·克雷默（Edith Kramer），她认为艺术治疗功效的力量来源于艺术的本质。艺术在心理治疗中具有象征性的沟通能力。以音乐、舞蹈、戏剧、绘画、雕塑、制陶等为内容的艺术活动本身就具有宣泄情绪、疏解压力的功效，同时可以使人摆脱心理困扰，重建新的内心世界，重新整合人格。

以音乐治疗为例，不同的音乐可以使人产生不同的生理反应，如使人的心率、脉搏、血压、皮肤电位、运动反应、内分泌、体内活性物质（肾上腺素、内啡肽、免疫球蛋白等）和脑电波发生变化。同时，不同的音乐还可以引起个体情感的共鸣。音乐的力量和价值在于它的非语言内涵。在创伤后应激障碍的情况下，患者难以用言语来表达创伤的痛苦情绪体验。这时音乐可以成为有效的媒介来帮助那些从现实中退缩、回避的患者重新回到现实世界，并与外界建立联系。音乐在治疗中具有生理/物理作用、人际/社会作用和心理/情绪作用。音乐可以使人的血压降低、呼吸和心率减慢、血容量增加，促进内啡肽的分泌，增加免疫球蛋白的含量，因此有减少焦虑、促进放松、镇痛和提高机体免疫力的功能。PTSD 患者常有意回避他人、离群索居，而音乐可为他们提供一个安全的人际交往环境，通过音乐来宣泄情感、得到他人的理解和支持。音乐治疗师不仅可以通过音乐使患者放松、减压，还可以通过使用抑郁、悲伤、痛苦、愤怒和充满矛盾的音乐激发患者的情绪体验，使其尽可能地发泄被压抑了的消极情绪。随后再逐渐使用积极的音乐，支持和强化内心向上的情绪力量，改变其认知，最终使患者摆脱痛苦和困境的煎熬。

绘画治疗和音乐治疗一样，具有异曲同工之效。二者都与大脑的信息加工过程有关。左脑主管言语化的思维，其加工模式具有言语的、分析的、理性的、逻辑的、时间的和线性的特点；而右脑主管图像知觉，其加工模式具有非言语的、综合的、非理性的、空间的、直觉的和整体的特点。绘画可激活与物体识别（与语言有关）有关的脑区和与物体位置（影响手部灵巧）有关的脑区。因此，最简单的画图活动都依赖于大脑多个系统之间复杂的交互作用。绘画治疗与音乐治疗一样，可以直达受创者的心灵。通过绘画，以右脑信息为主要操作对象，绕开了左脑有限的、线性的、言语的判断，使压抑的情绪和感觉体验通过画笔呈现出来，释放压力和痛苦，纠正扭曲的情感体验，是借助自身的力量打通心灵交流的便捷通道，重塑大脑功能。

七、创伤后应激障碍的自我调节

创伤后应激障碍的患者，除了采用急性应激障碍的自我调节方法外，还可以采用以下方法进行自我调节：

1. 及时宣泄愤怒的情绪

设法及时地宣泄自己的愤怒情绪，如击打作为自然灾害或人祸替代对象的沙袋或枕头，并宣判其罪行，设法喊出内心的怨愤，也可以用飞镖来击射替代对象以泄愤，还可以到旷野处大声说出内心的悲伤、怨恨等。

2. 不要孤立自己

画一张亲朋好友、同学、同事的联络图，也可参加心理辅导课或心理辅导团体，结交一些新的朋友。多和亲友、邻居、同事或心理辅导团体的成员保持联系，和他们谈谈感受、交换看法。经历过同样劫难的幸存者之间的互相鼓励、安慰和支持，有助于产生心灵的共鸣，共同承受痛苦，走过艰难历程。

3. 不要强压情绪

不要强压情绪，不要以埋头工作来设法忘却心灵的痛苦。应尽量少安排些事务给自己，留点时间给自己疗伤。规律的饮食、运动和作息有助于机体免疫力的恢复。投身于大自然的怀抱，有助于理清思绪，忘却烦恼。

4. 帮助他人

以逝去亲人的名义去帮助一个需要帮助的人。在助人的过程中，会增强自信和使命感，使思绪不再混乱，重新回到清醒专注的状态中。这样不仅可以重获个人的尊严，还可以获得价值感。这一举动还可以告慰亲人的在天之灵，自己已经是一个能够承担社会义务并具有社会责任感的人。

5. 宣泄内心感受

把个人的内心感受尽量用言语表达出来，可以通过写日记或与人交谈等方式来宣泄受压抑的情绪。若用语言表达有困难，可以通过图画甚至是涂鸦的方式表现出来。尤其是压抑了很久的烦恼、悲伤、焦虑、内疚、无助等复杂的情绪，很难用言语表达。因为言语化的活动是由左脑控制的，它控制了人的理性逻辑思维活动，所表达的信息是“我认为”而不是“我感受到的”信息；而只有右脑才能将感觉体验和压抑的情绪表达出来。因此，尽情挥洒画笔或用黏土无拘束地表达内心感受，将右脑中冻结的悲痛等负性情绪一点点地融化，可以起到调节、改善情绪的作用，并达到治疗创伤的目的。通过绘画、泥塑、制陶等这样一些活动，不仅可以疏解压力，调节精神紧张，而且还能建构全新的心理世界。

6. 告别不幸的过去

将不幸的遭遇放在过去，把目光放在当下，寻求对创伤性事件的解释，重新发现事件对自身的意义，促进创伤后的成长。灾难之后，幸存者往往会自责、内疚，甚至有负罪感，希望用自己的生命去换回孩子、父母、朋友、恋人和同事的生命等。请记住天灾人祸才是悲剧的罪魁祸首，是它害得人们妻离子散、家破人亡。因此，要振作起来，和灾难斗争、去拼搏并赢得胜利，重新建构生活的新篇章。这就需要用“我能采用什么样的有效方法去战胜灾难，有效解决问题”来代替“都是我的过错”的想法。

7. 思考生命的意义、发现美好的事物

举行将创伤性事件放回到过去的仪式，重新思考生命的意义，发现周围美好的事物。为了逝者更需要珍爱生命，坚强勇敢地活下去，实现并满足已故亲人未尽的心愿。对生命意义的探索可以干预抑郁情绪，有利于身心健康。不要只看到灾难留下的满目疮痍，残垣断壁的一面，而忽视了灾难中人们相互支持鼓励、坚强不屈的一面。如将生的希望留给别人、舍小家顾大家、因灾难形成的心理凝聚力等都是人性美好一面的显露，是社会和民族宝贵的精神财富。当生命的意义高于生命自身时，个人的得失与痛苦就显得不那么重要了。在艰难险阻面前，积极应对、坚持不懈的努力才是成功的唯一途径。任何事物都是辩证的，幸福不会永存，痛苦也不会永驻，正所谓“祸兮福所倚、福兮祸所伏”。在遇到生活磨难时，只有自我超越才能达到真正的自我整合和成长。

8. 采用自我对话技术

可以准备两把面对面的空椅，一把椅子作为责备椅，另一把作为对抗椅。当责备自己一无是处或无所作为时，请坐在责备椅上，并且说出自己的种种内疚、检讨自己的种种过失。然后再坐在对抗椅上，找出现实中的事实与前面叙事的话语中的不符之处，加以辩驳。例如，通过发掘自身成功的例子或做过的有益的事情来反驳全盘否定式的自责。突出肯定人的能力是有限的，自己已经尽力而为。过分自责会削弱自信，且无助于摆脱痛苦。经过在对抗椅和责备椅之间的轮换以及话语交锋，有助于理清思绪，摆脱思维中非黑即白的误区以及避免选择性地萃取有关个人的负面信息。接着，还可以进一步展开“我已做过什么”和“我还能做些什么”的辩论。前者是对自己已做之事的肯定和不足的总结，后者则是对自己现在能做的事情的挖掘以及进一步实施行动计划的考虑。

9. 学会积极的应对方式

在困难和悲痛面前，若采用逃避、麻木、否认、退却的应对策略，将无助于问题的解决。这时大脑中发出的全是消极的指令和对自己的全盘否定，潜在的能力和智慧全都被压在底层，无法脱身。逃避、麻木、否认、退却虽能缓解心灵暂时的痛苦，但随后带来的却是更多的自卑、自责和更深的痛苦。要勇敢地去面对残酷的现实，积极地去解决难题，和身边的人相互支持，利用脑激励法寻找解决问题的方法，重新发现新的自我，变“我不行”为“我能行”。

第三章　灾后心理创伤的自我评估与调节

灾后人群的心理诊断更多的是围绕应激创伤后的障碍来进行的。既要评估创伤的严重性，又要评估其属于什么问题，我国在这方面的研究还相对滞后。因为生理的创伤可以通过相对发达的医学检查来进行诊断，而一个科学的心理创伤评估诊断模式则需要接受临床的检验。

第一节　灾后心理创伤自我评估的内容

心理创伤自我评估不是专业的心理诊断，尽管会导致知觉、思维的异常，甚至许多症状虽具有神经症及精神病的特征，但是一般都不应把它归入病理诊断的范围，因为这些症状的形成都源于现实性的强烈刺激，与个体所处的生活环境有着密切的关系，改变其生活处境，重建其新的生活模式，完善其社会支持系统，重新激活其心理力量去应对灾难后出现的心理困难，其症状会很快消失。因此，对创伤应激自我评估的范围是非常广泛的，涉及的不是单纯的心理方面，还应包括社会和生活等各个方面，对灾后创伤自我评估可以按下列维度来进行，当在下列维度中存在与描述的心理与行为相似时，就可以确定该项心理功能受到破坏，其心理功能正处于紊乱状态，很有必要在该维度中描述的心理功能方面进行自我调节。自己实在无法恢复时，可寻求专业心理咨询师的帮助。

一、心理平衡模式被打破

1. 生活模式

心理生活失去了平衡，过去的生活方式、生活习惯甚至生活资源都遭到了破坏，其受损程度非常严重。

2. 认知模式

思维处于崩溃边缘，无法承受压力，认知形式不协调，自我经验系统与外界环境形成了巨大的反差，导致心理失衡，个人的需求、理想在现实中根本无法得到满足或实现。

3. 社会模式

心理社会发展的变化，个人内部空间和外部空间的巨大变化，如亲人的残疾、死亡以及自身在社会生活中可能出现的自卑。

二、资源的破坏

（1）亲属与朋友的伤亡状况。

（2）资产及房屋等资源被破坏的程度。

（3）以前赖以生存的生活方式是否能够重建，如过去的务农、放牧等生活方式在灾后是否能重新延续?

（4）个体在生理上是否受到伤害，其伤残程度如何?

（5）个体在心理上遭受创伤的程度（如精神状态）如何?

三、精神状态和未来追求

（1）绝望、悲观感。

（2）再无人生追求，生存意志薄弱，自杀意念强烈。

（3）身心疲惫，神情萎靡、麻木，无激情。

（4）快感缺失。

（5）心理能量耗竭。

四、表情与动作

（1）懒散、死板。

（2）痉挛，伴有肌肉抽动。

（3）阴沉、面部阴森森的。

（4）很窘困。

（5）焦虑，伴有运动性不安。

（6）表情抑郁、痛苦，愁眉苦脸。

（7）表情愤怒、仇恨、充满敌意。

（8）表情紧张、害怕。

（9）目光无神、瞳孔扩张、散光。

（10）身体无意识地抖动。

（11）手心出汗，牙关紧咬，拳头紧握。

（12）语音单调、微弱、悲哀、发颤，回答问题不连贯。

（13）运动性失调。

五、社会支持系统破坏程度

（1）亲人或朋友死亡。

（2）必要的生活资源等丧失。

（3）自己受伤或残疾。

（4）职业或生活来源遭到破坏。

（5）无物质支援。

（6）无精神支持，如朋友的安慰等。

（7）感觉举目无亲，只有一个孤零零的“我”。

六、生理上的评估

不明原因的躯体不适（但多次到医院检查均找不到病因），存在腹泻、虚弱无力、肌肉痛感、胸痛、腹痛、便秘、胃痉挛、消化不良等症状；面色苍白、咽喉疼痛、视觉模糊感、药物依赖、感觉自身的器官在近期活动不正常；体重下降；食欲下降，精力或体力严重下降；心慌、心悸、多梦失眠，内分泌失调、恶心、头痛、眩晕、多汗、某些器官疼痛等。

七、意识状态

意识不清、模糊、断裂；视物如雾中看花，识物障碍；感觉意识时断时续，常常出现大脑空白；妄想、发呆、自言自语。

八、认知功能

时间记忆混乱；定向力困难；自我定位失衡，无目的感强烈；注意力分散，难以集中注意力。

九、生活方式

近期生活无规律、懒散；卫生习惯变差，衣着不整，不关注自我形象；摄食功能丧失；生活无激情；作息时间严重紊乱，生活习惯遭到破坏。

十、人际关系

近期人际关系突然紧张，无亲情，无亲密感；缺乏同情心；家庭关系在微妙地发生变化；同事、家人对自己疏远或抱怨增多。与子女、父母关系变得紧张，与朋友、同学或同事往来减少，参加聚会活动能力明显下降；回避社会，甚至闭门不出，卧床时间明显增多。

十一、社会功能

工作或学习效率下降；生活质量降低，生活意向降低；记忆力下降；缺乏工作热情，无兴趣，快感缺失；精神疲乏，压力加重，下班后很难恢复体力（总是感觉累），假期过后很难进入工作状态；同事关系不良，合作能力明显下降。

十二、情绪

心境低落，烦躁不安；压抑，情感淡漠，抑郁；易怒，容易激动；敏感多疑，惊恐惊觉；下班后心里好像空空的，失落，无所事事；缺乏休闲生活，大部分时间不知道该干什么；表情麻木、痛苦。

十三、思维

思维贫乏，胡思乱想，忧心忡忡，担惊受怕，有妄想、幻觉、偏执，甚至强迫观念。

对照上述的评估标准对自己目前的各项心理功能及生活处境进行评估，假如基本与自己的心理感受相符，应考虑是否应该去接受专业人员的心理帮助，并注意预防心理危机的出现。

第二节　灾后心理创伤危机的自我评估

受到灾难性的打击后，个体极易出现一些反常行为，这些行为对个体或社会的负面影响极大，假如评估不及时或未及时察觉，对灾后人群的自身生命安全以及社会周围人的人身安全均会造成严重的威胁。因此，危机的自我评估是预防创伤应激障碍的最重要环节，也是预防自杀和伤害他人的最重要的心理防护措施。

一、个体在危机中可能存在的问题

（1）对自己造成的危机风险评估：自杀、自残、绝食等问题，对这些问题要采取的预防措施，以及实施这些措施的持久性、安全性、合法性和伦理性。

（2）对他人造成的危机风险评估：攻击、伤人、暴力、泄愤、报复、破坏等问题，对这些问题要采取的预防措施，以及实施这些措施的持久性、安全性、合法性和伦理性。

（3）对社会可能存在的危机风险评估：破坏、反社会、敌对及仇恨其生存的世界而出现的非理性行为。

（4）对亲人的暴力或虐待危机风险的评估。

二、创伤后存在的危机风险

不是每个个体在经历创伤后都一定会出现心理危机的。是否出现危机与个体的行为反应模式有关。一般来说，取决于个体过去的经历以及个人的应对方式，获得和利用社会与心理支持的途径，创伤发生时的身体健康与情绪状态、个体的信念态度、价值观和需要，以及思维方式等。

有下列情况或生理、心理行为反应的可能会存在危机风险：

（1）情感反应：焦虑、恐惧、激越、易受激惹，易愤怒、内疚、悲痛或有丧失感、脆弱、虚弱、多疑等。

（2）心理反应：混乱、健忘，难以应对，过度兴奋，注意力分散，闪回，噩梦强迫思维，过度警觉等。

（3）躯体反应：疲乏、倦怠、胃弱与呼吸问题、头痛、颤搐、出汗、头晕等。

（4）行为反应：愤怒爆发、药物依赖或不断增加药物使用量，隔绝、退缩、烦燥不安，人际交往问题、食欲减退，睡眠障碍，性欲变化，易受激惹等。

当达到上述反应的维度时，应开展对自己创伤后的心理恢复工作，尽量弱化自己情感和心理反应的强度，降低生理唤醒水平，尽快恢复到危机发生前的功能状态，具体做法：①不要过度刺激自己，尽量少回忆创伤的场景，避免增加创伤体验；②仔细倾听并且密切关注自己这样的反应，调节自己这样的生理与心理功能；③减少生理的唤醒；④尽可能去寻求相应的心理支持与情感安慰；⑤使自己尽快对创伤的反应正常化；⑥暗示自己这样的反应是暂时的，一切都会因时间的推移而发生变化；⑦教会自己尽快进行情绪的自我管理，这对创伤愈合有积极的作用。

三、创伤性事件应激的内容讨论范围

Mitchell 和 Everly 在 2000 年提出讨论应激应着重从以下七个方面进行：①参与的导入和指南；②相关事实的讨论；③关于思维生活的讨论；④关于情感反应的讨论；⑤关于当前症状的讨论；⑥针对各种反应和应对策略的培训；⑦回顾与总结，进一步挖掘可利用的物质与心理资源。

第三节　创伤后心理困难的自我评估与心理重建

当个体确实存在应激后的创伤，导致自己无法适应时，可以去参加相应的团体活动。在一个团体中，由专业的心理援助者帮助自己与其他团体成员一起去分析创伤的有关事件，探索积极的思维方式、情感方式和应对策略。在一个团体中，由于大家经历相同，问题相似，存在共同的需要重新适应的任务，从而能够更好地获得情感上的支持，如宣泄情绪，寻找共同性；彼此接纳，重获希望，也能积极尝试体验，获得亲密感、归属感与认同感，互助互利；还可以发展适应的行为，相互支撑交换经验，积极地去适应未来的生活。在自己遇到重创时寻找一个彼此依赖的团体是非常重要的，在这样的一个群体中，“同是天涯沦落人”的感觉，会让彼此更容易去安慰对方。当人在灾难性事件或重大的生活事件发生后，必须运用全部的生理和心理的能量去应对，而这种应对很有可能会使个体的能量耗竭或应对失效，面临这种状态而长时间不能恢复时，就容易使自己出现心理困难。因此，对心理困难的因素和程度等的分析是创伤后获得自我心理能量，并战胜心理困难的重要环节。

一、心理困难的因素分析

造成心理困难的因素有可能是生物性的，也有可能是心理性的，还有可能是社会性的。

1. 生物性因素

它是与个体的生存和种族生存有关的事件。

2. 心理性因素

它是与个体的心理需求有关的主观和客观现实中的事件，如错误的认知结构、不良经验、道德冲突、人格的某些不良特征等。

3. 社会性因素

它是与个体的社会需求有关的事件，如人际关系的破裂、社会归属的丧失、信仰与意识形态的变化、民风民俗及思想感情的创伤等。

二、对困难的感受与体验

心理困难的感受与体验取决于个体的主观评价，拉扎鲁斯认为这种评价可以从三个方面来分析：①认知是相对的。它因人而异，你认为它在威胁你，那么，它就是在威胁你，假如你认为它没有威胁你，你就不可能受到威胁。②对客观事件存在严重性的评估。过高估计事件的严重性就会提高焦虑水平，反之则会降低焦虑水平。③对事件的应对存在对自己能力的评估。自我能力估计越低，焦虑水平就越高。

三、应对困难的个人心理力量

是否有应对问题的能力，是否有解决灾难性事件的策略和技巧，这些可以用社会应对方式量表来加以评估。

四、心理防御机制的分析

当遇到挫折以后，患者为了缓解内心的紧张，会使用一些不成熟的心理防御机制来歪曲现实，消除本我和超我之间的矛盾，常见的自我防御机制如下：

（1）不成熟的防御机制：投射、被动攻击、潜意显现、抱怨、幻想、分裂、退缩、躯体化等。

（2）成熟的防御机制：升华、压抑、幽默等。

(3) 中间型防御机制：反作用形成、解除、制止、回避、理想化、假性利他、伴无能、隔离、同一化、否认、交往倾向、消耗倾向、期待、掩饰等。

上述心理防御可以采用 M. Bood 的防御方式问题来加以评定。

五、外在支持系统

可以采用社会支持评定量表来检测患者的支持源，包括物质支持方面、心理或精神支持方面及主观寻求支持方面的有关情况。

针对创伤后的应激可以采用上述的指标及步骤对自己的心理功能状态作一个全面的评估，也可以借助某些心理量表（见相关章节）进行心理测查，以决定是否需要进行自我调适和心理援助。其实，遇到创伤并不可怕，可怕的是缺乏对自我的认知。而灾后的自我评估正是认识自我、在灾难面前重建自我的过程，启动已有的心理资源，形成积极的应对方式，通过战胜自我，进而消减灾难对人们心理造成的惨痛冲击。

爱
100
助

第四章　不同受灾群体的心理反应与自我心理调节

灾害是人类生存中不可避免的危机事件。所谓危机，从心理学意义上讲，并非事件本身，而是个体的一种认识，当个体认为某个事件或境遇是自己的资源和惯常应对模式所无法解决的时候，危机就出现了。危机会带给个体本能的应激反应和创伤体验，这将导致个体在情感、认知和行为方面的功能失调。然而，人类特有的能动性和生存智慧，会帮助我们面对困难，重振自己。从古至今，人类经历了无数的灾害和危机，仍生生不息，便是最好的证明。

第一节　概述

一般情况下，灾难引起的正常反应包括：总是想起过去的亲人，对死去的亲人表现出内疚和歉意，日常生活出现某种程度的紊乱，以及某些躯体不适。这种状态通常会持续 6～8 周，随后大部分人的不适感将会减轻，慢慢好转。相反，如果反复出现并维持在一定程度，或者出现更为严重的不适，任何单一的、微小的、意外的刺激都会诱使个体深陷危机之中（参看第一章相应的诊断标准），这样就可能发展成一种特有的焦虑性障碍，即所谓的 PTSD（创伤后应激障碍）。此时，个体应该及时求助于专业的心理治疗机构或人员。

本书第一、二章对灾害所导致的应激和创伤反应的一般调节方法已有了一定的介绍。在此基础上，本章拟根据人群特点分述一些调节方法，主要针对危机发生后6～8周以及之后没有转化为PTSD的人员的心理自助。接纳以下的一般性原则，将有助于对本章的总体认识：

1. 当下接受现实

灾难导致的危机往往复杂且缺乏完美和快速的解决方法。面对严重危机时，无论曾经受过多少训练，我们的身心仍不可避免地要面临暂时的解体、失衡、迷惑和伤害，同时伴随着情感的紊乱和不平衡。

2. 前期寻找平衡

在危机的早期，我们会失去控制感，分不清解决问题的方向且不能作出适当的选择，这时达到心理和情绪的平衡状态很重要。我们需要将自己从无能动性状态调整到能动性状态，打破危机所带来的绝望感和无助感是重新获得控制感的关键。

3. 后期寻找资源

在平衡状态下，危机后期的我们需要进一步调整自我认知，寻找内外资源，以求更好地恢复和发展。一般来讲，我们所处的生态环境，如家庭、种族、宗教、居住地、躯体功能、性、经济地位、职业、躯体需要、社会归属，以及社会支持系统的完备等都是我们进一步进行自我评定的关键资源。

4. 信念和方向

面对危机，我们有多种应对选择，不选择本身也是一种选择方式，只不过不选择常常会导致消极的甚至是毁灭性的结果。要牢记，危机和机遇并存，危机埋藏着个人成长的种子和改变的动力，成功应对危机者将从中受益匪浅。

5. 行动高于一切

很多成功应对危机的人的事后回顾显示，危机中最有帮助的改变是参加一些包括认知、情感等精神方面的、具体的、及时的活动，而其中最有效的行动方法往往是我们自己找到的。

第二节　一般人群

一、和亲友联系，获得情感支持

灾后产生负面情绪体验是很正常的，无需过分自责，而应该尽快和家人（或重要朋友）重聚并和他们待在一起，感受家庭成员之间情感的支持，让自己尽快恢复平静。

二、积极行动，获取安全感

在可能的条件下，不要消极等待，而是应该采取积极、实际的行动，寻找信息和资源以改善目前的境况，或使目前所处环境更为安全。例如，应及时、准确地获得最新的灾情信息，免受不良信息的影响，等等。

三、寻找社会支持

主动学习关于灾后恢复的必需知识，参加更大范围的社会支持活动，包括实际问题的解决、情感的理解和接受、与他人相互倾诉自己的经历和焦虑、与他人分享与应对灾难有关的信息等。

1. 情感支持

拥抱、倾听、理解、爱、接受等。

2. 社会接触

让个体感受到与他人关系融洽，有共通之处，并和他们在一起活动。

（1）满足个体被需要的感觉。感到自己对他人很重要，感到自己是有价值、有能力的，让自己感受到别人的欣赏。

（2）确立自我价值感。让自己觉得有人在帮我们，相信自己有能力处理好眼前所面临的问题。

（3）让自己有可信赖的支持。让自己相信某些机构或人员是值得信赖的、是可以帮助我们的，只要需要，他们就会来到我们身边。

（4）建议和信息。寻找某些机构或人员，他们能给我们提供信息、提出好的建议，告诉我们该如何做。他们能让我们认识到，我们对灾难的反应是正常的。我们也能从他们身上学会怎样去积极地应对身边所发生的一切。

（5）物质帮助。寻找某些机构或人员，他们能帮助我们完成某些任务，如搬东西、装修房子等；或给我们提供某些物资，如食物、衣服、帐篷、药物、建筑材料或金钱等。

四、处理愤怒情绪

愤怒情绪以及挫败感对于灾后幸存者来说，是十分常见的，也是正常的。但是，愤怒情绪会影响我们的生活（如与家庭成员和朋友之间的关系、对子女的养育等），使我们和他人的关系恶化，让他们远离我们，或者潜在地导致我们的暴力行为。我们可以想想如何处理愤怒，想想以前愤怒是怎么影响我们的，而当愤怒消失或被导向积极的活动中时，前后又有什么不同的感觉。我们要明白，一定的愤怒情绪是正常的、有益的，但过多则不好。处理愤怒情绪时，可以参照以下方法：

（1）尝试“暂停”，“冷静下来”，如走开或是稳定情绪，通过做别的事情来转移注意力。

（2）和朋友谈谈是什么激怒了自己，找出原因，换个角度审视自己现在的状况。

（3）通过体育锻炼来发泄，如散步、慢跑或做俯卧撑等。

（4）在日记本或纸上写下自己的感受，思考如何改变这种状况。

（5）经常提醒自己生气无助于达到目的，反而会破坏重要的人际关系。

（6）将精力转移到积极的活动当中，如多读书、听音乐、看喜剧、帮助那些需要帮助的人等。

（7）如果有小孩，那么在特别生气或愤怒时，应让别人暂时代为照顾孩子，以免孩子受到这些情绪的影响，对其造成伤害。

（8）如果是少年儿童，那么应该会喜欢那些可以表达情感的活动，如画画、写日记、玩玩具或编一首歌等。还可以找个成年人来帮助解决让自己生气或令人感到挫败的问题（如帮我们解决和同伴之间的争执、得到想要的书和玩具等）。

（9）如果愤怒已经达到自己都无法控制且有暴力倾向的程度，那么应立即联系专业人员。

五、处理内疚感和羞耻感

灾后的部分幸存者会寻找灾难发生的原因，回想灾难发生时自己的反应，考虑以后的生活和工作问题。可能会对自己或别人过度责备，实际上这反而会增加自己的悲痛。此时，可以试着问自己：

（1）如何看待目前的处境，如何能让自己不像现在这么难过？有没有从其他角度考虑过这个问题？

（2）如果我的好朋友正有着和我现在一样的想法，那么我会作何反应？会对他说些什么？会对他说自己此刻正对自己说的这些话吗？

六、解决睡眠问题

灾后睡眠困难是很普遍的现象。人们会在夜晚保持警惕，担心灾难再次发生，并思考日后生活的改变，这些都会使得人们入睡困难或者频繁醒来，可以尝试以下方法来帮助自己：每天定时睡觉和起床；少喝酒，因为酒精会令大脑皮层兴奋，破坏睡眠；避免在下午和晚上饮用含咖啡因的饮料；增加日常锻炼，但不要睡前锻炼；睡前做一些能使自己平静放松的事，如听放松的音乐、冥想等；白天打盹的时间限制在 15 分钟以内，下午四点以后不要睡觉等。

七、简单的放松技巧

有规律地进行简单的呼吸训练可以帮助减少因灾难的过度刺激而产生的紧张感，从而提高睡眠、饮食和身体机能。这些都很容易掌握，最好在自己相对平静、可以集中注意力的时候进行练习。其他亲友如果能一起练习会更好。可以这样做：用鼻子慢慢吸气，舒适地让气充满自己的肺，直到小腹。轻轻地告诉自己："我的身体充满了平静。"用嘴慢慢吐气，舒适地让气从自己的肺中排出，直到腹部。轻轻地告诉自己："我的身体在释放紧张。"如此慢慢重复五次。

第三节　少年儿童

儿童的情绪和认知发展不成熟，也没有形成相对稳定的生理、心理和社会功能，社会支持系统也尚未完善，所以，灾后更容易产生创伤。他们不清楚创伤是什么，也很难用言语清晰地表达自己的感受，他们会用与成人不同的方式来表达自己。以下是一些儿童在创伤后常见的暂时性心理反应，大部分儿童在得到适当关怀后会相继康复。有时这些反应不会马上出现，而是会延后一段时间发生，这使得家长误以为是儿童顽皮所致。其实，这有可能是儿童创伤后的压力反应，需要家长小心对待，如果一段时间后还不能得到缓解，则需及时请专业人员进行治疗。

1. 重复出现与创伤有关的困扰

（1）受创伤性事件的梦境所困扰。

（2）若儿童的亲人不幸在创伤性事件中离世，儿童可能会说自己曾接触到去世亲人的“鬼魂”等。

（3）特别留心其他意外的报道。

2. 出现逃避行为

（1）逃避与人接触，喜欢独处。

（2）对过去喜欢的日常活动失去兴趣。

（3）感到没有将来或难以想象自己长大后的境况。

（4）行为倒退，如异常依赖成年人，有遗尿或吸吮指头等行为。

3. 通过以下行为表达他们的压力和恐惧

（1）专注力出现问题，学业成绩因此下降。

（2）感到惊恐，特别是在夜晚或父母不在身边时。

（3）睡眠失调及做噩梦。

（4）易哭、不安及发怒等。

4. 受创伤的儿童亦可能出现以下的相关问题

（1）身体不舒服及痛楚。

（2）尿床。

（3）顽皮及不守规则。

（4）发脾气及吸引成人注意。

（5）学习兴趣降低。

一、家长能做什么

家长要明白孩子的行为可能是因创伤性事件而产生的反应，并非是孩子的任性所致，避免发怒或责备孩子。还要小心那些容易刺激孩子的事物或者信息。例如，一个孩子易怒，可能是因为他想起了自己一个受伤或者死去的朋友。作为家长，可以做以下的事情来帮助孩子：

（1）灾难后，应及时、耐心的接纳、理解孩子的反应，倾听、拥抱，给他安慰，有些孩子甚至需要格外的鼓励及关注（特别是在睡前）。让孩子感到他并不孤独，有人理解。做一些体贴的事情，例如，写一些小纸条或者通过做游戏来转移孩子的注意力。

（2）稍后，可以和孩子谈论创伤的经历，以及那些困扰他的事情和感受，给他确定的感觉（有时不确定感比现实更加困扰孩子），如向孩子解释灾难是极个别的事件，不会常常发生，告诉孩子，他是安全的，有人照顾他，并让他告诉我们如何在适当的时候以恰当的方式帮助他。

（3）理解孩子可能因创伤性事件而暂时不能履行自己的角色（如上学或做家务），给他时间处理情绪，但需要跟他商量如何尽快恢复自己正常的生活。

图 4－1　学生活动（一）

（4）应尽可能地恢复家庭秩序，尤其是吃饭、睡觉、起床、阅读以及娱乐等的时间安排。还要尽量维持家庭中每个人的不同角色，不要让孩子承担太多，也不要过分保护，因为灾难使人们感到危险和缺失，从而对孩子的管束会更加严格。此时，可以和孩子沟通，让他们理解这种暂时的保护行为。

（5）安排家庭活动，让孩子享受愉快的时间。同时避免让孩子观看与事件有关的恐怖片段或重复的报道。

［拓展阅读］

帮助青少年澄清那些令他们悲伤、内疚和羞耻的没有根据的误会和曲解，给他们提供另外的看待问题的角度。对那些很难正确表达自己思想的儿童及青少年，可以让他们把这些负面情绪写在纸上（如“我做错事了”，“是我害得它发生的”，“我不该那样做的”等），然后逐一和他们讨论，澄清误解，找到更有帮助的思考方式，并写在纸上。对于没有表达过内疚和自责的孩子，也要指出他们没有过错。

针对青少年儿童的放松训练：可以采取一种不同的呼吸方式来平静我们的身体。把一只手放在你的肚子上，像这样（演示）。好的，现在要通过我们的鼻子来呼吸。当我们吸气时，我们的身体会充满很多气体，然后我们的肚子会像这样（演示）突出来。然后，我们通过我们的嘴来呼气，当我们呼气时，我们的肚子会收进来，就像这样（演示）。我们可以假装我们是一个气球，充满空气，然后将气体放掉，轻轻地、慢慢地我们吸气，直到我数到三再停止，呼气也是一样。让我们一起练习吧！

二、老师能做什么

（1）让学生相互陪伴，彼此照顾，感受同伴之间的温暖。

（2）尽可能快地恢复日常的学习和生活，探索的快乐和好奇心的满足都会有助于孩子们找回生活的快乐。

图 4－2　学生活动（二）

（3）带领学生唱歌、朗读、编故事、讲故事。旋律和歌词能把学生的情绪带入用语言无法到达的状态，在专注的朗诵中，学生能暂时忘记周围的一切；学生在故事中，可以和故事中的角色对话，会受到角色的启发，当个体乘上想象的翅膀时，会发现很多美好的事物。

（4）提供一些艺术工具、彩色书或建筑材料，让孩子参与到温暖的活动中。让年龄较大的孩子带领年龄较小的孩子进行集体性的游戏。

①每个学生发两张纸，一张让孩子们写自己的感受，把悲伤、恐惧、忧郁的感觉写在上面，然后撕碎，象征他们把这些负面的情绪已从自己的内心清除，由教师将碎片收集到一个脸盆中，然后让学生代表把他们带到外面的场地上烧掉。另一张纸让孩子们叠成飞机，向天空飞去，表明虽然有灾难和创伤，但还有希望，在以后的人生道路上依然还可以飞翔。

②集体绘画。让孩子们围成一圈坐好，第一个孩子先画，10 秒钟以后，这个孩子把画板交给坐在右边的孩子，让他接着画。以此类推，直到每个人都在画板上画了画，然后把最后的图案展示给所有人。建议孩子们画一些积极的东西

(不要画灾难的图片)，画一些让人有安全感的东西。

③把原来的图案变成另一个东西。用纸做一个纸人链，或者画一个圆圈链，让孩子们在其中写上他们的支持系统中每个支持者的名字。对于青少年，可以进一步让他们确定自己想从每个人身上得到哪种支持（如情感支持、建议和信息、物资支持等)。

图4-3　学生活动（三）

④涂鸦游戏。把孩子们两两分组，先让其中一个孩子在纸上画，再让他的伙伴接着画，然后分别叙述自己得到了什么样的帮助和资源。

三、自己能做什么（年龄稍大的青少年）

年龄稍大的青少年可以和父母、抚养者或者可信赖的师长进行沟通交流，获得支持，得到需要的信息，告诉他们自己的感受，让他们更好地理解我们，并知道如何帮助我们。

和同伴一起，相互陪伴，一起共度时光，做一些积极有趣的活动以转移注意力，如阅读、写日记、分享玩具、做运动、做游戏、看电影等。

告诉自己灾后悲伤是正常的，使用放松方法或自我谈话法使自己镇定，最好尝试那些曾经很有效的自我调节方法，将精力放在自己的确能做好的事情上。

尽可能地保证生活有规律、饮食健康、多休息、锻炼身体。

帮助自己的家和社区进行灾后的清理和修复工作，在帮助别人的过程中，体会到自己的价值，得到别人的欣赏和感激，这些都能给我们战胜灾后负性心理的力量。

第四节　孕妇

一般情况下，女性在妊娠过程中，以三个月为单位，心理变化大致分为三个阶段。孕早期主要是害怕流产或恐惧妊娠。在度过了最初的不适和担忧阶段之后，孕中期除了担心吃药会造成胎儿畸形、做 B 超等检查对胎儿的不良刺激外，更多的是一种幸福和自豪的感觉。孕晚期的女性重新开始担心分娩、养育以及角色转换等问题。灾害一旦发生，对于心理处于特殊时期的孕期妇女，尤其是孕早期的妇女，影响巨大。那么灾难发生后妊娠女性应如何调整自己呢？

一、寻找安全环境

尽量寻找安全环境，让自己的睡眠、饮食正常，适当运动，保持身体健康。灾难导致的生活环境的突变、亲人朋友的离散也会加剧孕妇情绪的波动。此时应该主动寻求家人或者医生的帮助，细心体会亲人的关爱，深切感受来自他们的爱，让自己觉得安全。

二、保持平和的心态

妊娠本身会导致激素水平的变化，使孕妇的情绪波动较大，也可能出现以自我为中心的内省行为。但是为了胎儿的健康，应该尽快平复心态、保持镇静，对恐惧、紧张、焦虑、过度悲伤、忧郁等负面情绪从认知上加以接纳和改变。

1. 接受现实，接纳暂时的恐惧

告诉自己："没什么可怕的，最坏的情况不是已经面对了吗？我不是依然无恙吗？我虽然害怕死亡，但是我不会被死亡吓倒，何况肚子里的孩子还在，希望还在。"从心理学层面来说，接纳并直面恐惧，往往比盲目认为自己无比强悍更容易摆脱急速心跳所带来的紧张感和焦虑情绪。所以，亲历死亡的人往往比那些未目睹死亡的人更坚强、更勇敢就是这个道理。

2. 积极暗示，激发勇气

面对危难，软弱和勇气都是人的本性。前一点提到的接纳自己软弱的一面，并非是让自己颓废，一直软弱下去，而是给心灵一种缓冲和压力释放。可以坦然面对现实和接纳惨痛后，人的勇气就有被激活的可能。当人们可以窥探到事情的本质，不再盲目，也不会轻易被其他灾难吓倒时，应该积极学习自救方法，重新获得勇气。告诉自己："危险很快就会过去，我要用信心来迎接现状。"心理学认为，勇气、镇定、毅力每个人都有，那是在战胜软弱、无助、失望后被激发、涌现出来的力量。身处困境的人往往可以用被激发出来的勇气抵御由灾难带来的更为现实的困境，诸如粮水短缺、疾病伤痛等。

［拓展阅读］

使用深呼吸放松全身肌肉，想象快乐的情景：深吸一口气，再呼出去，闭上眼睛尽量全身放松。肌肉慢慢松弛下来，紧张感也随之消失。想一些比较开心或者宁静的画面、场景、事情，体会幸福的瞬间。如果有条件，可以边听音乐，边想象胎儿在"宫中"安然、活泼地生活，他得到了充足的营养，很满足的样子。也可以想象与准爸爸看到宝宝的未来，他漂亮的脸蛋，健康可爱的身形，你们一起慢慢地走近他，微笑着张开双臂，你仿佛感觉到了他那柔软的身体，母爱充满了你的全身。

三、转移情绪

觉察到自己不快乐时，应尽量去做那些令自己高兴或喜欢的事，如浇花、欣赏画册、读诗歌、童话和科学育儿书刊或者去郊游，每天花二十分钟静静地听优美的音乐，也可以附和着最喜欢的歌，大声唱出来或轻轻地哼。洗温水浴，适度做家务，多想想孩子的美好未来。布置一个温馨而又宁静的环境，放些喜欢的饰品让自己赏心悦目，时刻提醒自己新生命即将到来。

四、感受幽默快乐

欣赏喜剧，读幽默、风趣的散文、随笔，收集一些幽默滑稽的图片。有机会就开怀大笑，如果对身边的人笑，对镜子里的自己笑，还会收获更多。别把自己封闭起来，找到积极乐观的伙伴，充分享受与他们在一起的快乐，让好情绪感染自己。试着让丈夫学会安慰、体贴自己，让他令自己快乐。

五、记录心情日记

每天写一段日记，记录一下心情。尤其是那些好的心情和美好的事物。将来某天，也许会与孩子一起重温那些美妙的记忆；也可以记录那些不好的心情，写完了，也就释放了；还可以把自己的烦恼向密友倾诉。

六、和宝宝说话

早晚同胎儿打招呼，对胎儿讲讲话，告诉他你的心情、对未来的期望以及你希望他成为什么样的人，等等。

第五节　老年人

一、寻找保护自己身心健康的物质和精神环境

老年人年老体弱，60 岁以上的老年人的关注点已从外界事物转向内在躯体，即使是在一般情况下，也会有头疼、耳鸣、肠胃功能异常以及失眠等疑病现象。经过灾难的精神刺激，这些反应可能会加重。所以，灾后老年人应该尽量寻找安全、安静的环境让自己的生活起居恢复正常，适当运动，保持身体健康。身患疾病的老年人，更应该爱护自己，避免疾病的发作、恶化。

二、接受现实，调整情绪

年老导致生理功能（视力和听力）下降，判断力和理解力减退，行动反应迟缓，所以老年人显得顽固，不信任感（猜疑）和“自尊心”增强，如有人感到自己是子女的累赘和包袱，这些都导致老年人喜静，喜欢独自活动。而孤独的老年人更喜欢回忆和感慨往事，正所谓“人事有代谢，往来成古今”。灾后，对老年人来说，面对自己亲人的离散、经营一生的财物的损失，切忌悲伤过度，不要总是回忆那些创业的艰辛，应该明白生命才是最重要的，同时让自己感到温暖和安全，不要怕麻烦别人，多和朋友说说话，及时寻求亲属朋友的关心和照顾。

三、发展兴趣，勤于记忆

老年人心理衰老的明显表现就是对周围环境中的事物兴趣不高，敏感性下降，感到生活无趣。所以灾后应该注意尽快恢复甚至重建生活秩序，发展自己的

兴趣爱好，可以看看书报，学习新的东西，和年轻人多交流，积极地面对未来。同时，大部分老年人随着智力减退，记忆力下降，就会产生“近事遗忘”的心理现象——越是新近发生的事越记不住。灾后生活环境相对不稳定和秩序混乱，可以尝试做笔录，以免遗忘重要的生活事件。

四、让老年人独有的智慧助人助己

随着某些生理机能的逐渐衰退，老年人确实处于特殊的心理阶段。但老年也是人生的秋天，是成熟与收获的季节。一般认为人的智力 18 岁时达到最高水平，此后逐渐下降，由于个体差异，10% ~25% 的老年人并不显示智力减退。虽然老年期的机械记忆力（记数、记电话号码）下降了，但意义记忆却是上升的，无论是社会经验，还是专业知识，在老年都可能达到顶峰。由于经历多，老年人有时反而比年轻人更能承受压力。所以，灾后老年人可以通过帮助年轻人来体现自己的经验价值，也可以照顾孩子，孩子的稚气可爱，透着生命的朝气和未来的希望，也可以鼓舞老年人。

[拓展阅读]

老年怎样过才好（节选）

要想老年过得好，老友相聚少不了。

谈家、谈国、忆昨、议今、议防老。

还有旅程四十年，老年这样才算好。

知识愈多愈想学，兴趣盎然学到老。

博海冲浪求自乐，带上老花玩电脑。

社会和谐人延寿，养生理论一套套。

遇事糊涂一点点，生活潇洒泰然好。

疾病、怨仇须忘记，不到七十还算小。

老伴、老窝必须有，老底、老友不可少。

唱歌、跳舞又唠嗑，爱俏、常笑怎会老？

冬到南方夏飞北，心胸开阔作候鸟。

儿孙满堂自有福，健身、旅游寻逍遥。

学友相约来年聚，换个地方多跑跑。

保持乐观好心态，互道珍重永不老。

（资料来源：http：//feng. xiaokuan. blog. 163. com/blog/static/32584800200811211751385）

第六节　伤残人员

图 4－4　湖南娄底残疾人志愿者心理援助队

注：2008 年汶川地震救援期间，娄底残疾人志愿者心理援助队是所有志愿者队伍中最引人关注的队伍之一，被网民称为“史上最牛志愿者队伍”（左起：许涟钢、苏建飞、陈乐奇、毛智文、钟新民）

灾害导致的伤残人员，除了应对灾难的应激和创伤以外，未来的工作生活中还面临挫折心理的调整。对于他们而言，更多的挑战在等待着他们，他们比任何人都需要积极的自我调整。

一、因灾致残者心理发展的四个时期

1. 冲击期

生气、害怕、沮丧，觉得未来没有希望……具有敌意，被动地接受事实，哭闹等。

2. 退缩期

开始知道自己跟以前不一样，觉得自己很多事都不能做，很无助。讨厌自己的身体，不想面对身体的改变，会扭曲受伤的原因。

3. 承认期

觉得很悲伤、难过，慢慢地会开始接受自己已经和从前不一样了。开始谈自己是怎么受伤的，哪里受伤了，将来要怎么办。

4. 重建期

已经接受了新的外表，努力做重建，想回到生活中做自己想做的事……

二、因灾肢体致残人员的心理特点

1. 独立性与依赖性

伤残人员会希望自己以健全人的角色进入社会，取得与其同等的权利。伤残人员能独立地观察、认识、判断事物，希望独立地安排自己的学习和生活，喜欢自己动手解决问题。但由于行动困难带来的学习、就业问题，以及由此带来的经济上不能独立等问题，使他们需要依靠别人的帮助才能解决某些力不从心的实际问题，但却又不愿让别人看到这种依赖。

2. 孤独与交往

每个人都希望别人能承认自己的价值，支持自己，接纳自己，喜欢自己。因此，在社会交往中，伤残人员想参与各种社会活动，交流思想，更新认识，伤残人员重视自我表现，想吸引别人的注意。但人际交往的基础是人与人之间的相互重视、相互支持，生理或心理上的缺陷导致其活动受限，也导致交友受限，久而久之就会产生孤独感，这种孤独感将随着年龄的增长而逐渐增强。

3. 自尊与自卑

由于躯体缺陷，伤残人员会在学习、生活和就业方面比一般人遇到更多困难，遭受更多挫折。他们可能从外界得不到足够的帮助，受到厌弃与歧视，得到不合时宜的怜悯。很容易体验到自卑的情感，会自我怀疑，在自尊和自卑的矛盾发展中，一部分人可能会逐渐形成自我封闭、孤僻、内省、不主动与人交往等内倾性特征，表现出倔强和自我克制的性格特点。

4. 情绪与理智

肢体残疾者情绪反应强烈且不稳定的特点相当突出。这源于残疾令其过多地关注自己，对别人的态度和评论比较敏感，自我保护意识较强，如瘫痪病人忌讳被称为“瘫子”。如果别人做出有损于伤残人员自尊心的事情，他们往往难以忍受，会立即产生愤怒情绪，或采取防御手段。然而，他们的认知是健全的，兴趣广泛，思路清晰，做事稳重认真，待人真诚，也能冷静思考如何重建自己的能力并自立于社会。

5. 生理补偿与心理补偿

当身体的某一器官产生病变或有缺陷时，另一些器官的功能就会相应加强，以弥补其功能的不足，这是一种生理适应机制，称为生理补偿。人体固有的补偿功能使一切生理缺陷都可以在一定程度上得到补偿。心理补偿在程度上因人而异，但其作用却很强大。缺陷，的确是一种不足，一种灾难，一种困惑。但从生理上看，身体自然的本能会去努力弥补；心理上的主观能动性的高度乃至极度发挥，也可能使生命之光更加灿烂。

三、心理调整策略

灾害致残后，残疾人的心理受挫感会特别强烈，青少年儿童的伤残意味着在未来社会生活中会出现更多适应困难，应该激励他们重建信心和坚持康复训练。一般而言，孩子的恢复力极强，通常比成年人更容易进入重建期。灾害致残的孩子的灾后情绪反应会反复出现，自我概念和学校适应力可能较差，此时，父母应该注意自己的行为，过分可怜孩子或责备孩子，都会使他自卑。接受他的感受，陪孩子一起克服困难，不要一昧地责备他暂时的放弃和低落；同时也应该教育孩子要正视现实，正确对待自己的残疾，接受现实，自强不息，掌握自己的命运。成年伤残人员体会到的主要是强烈的丧失感，过去能做的，现在突然不能做了，对比反差巨大，需要时间来调整才能接受现实。老年人的伤残，将导致更多的衰退感，克服悲观情绪，乐观向前就显得尤为重要。

1. 克服自卑，自我突破

通常认为自卑感主要是来自于社会评价，所以首先要接纳自己的不足。其次，要对自身机体固有的补偿功能有所认识和理解，付诸努力和行动，成为有益于社会的一员，从根本上克服自卑。与人交往，降低敏感，不要觉得别人的善意都在暗示自己是“弱者”或“需要帮助”，平等地与他们交流，让别人能看到自己的自信。

2. 功能训练

正如前面所说，躯体各个器官功能通过努力训练就可以在一定程度上得到补偿。如人们力求克服自身低能的努力就是一种补偿行为。这种补偿行为发展到极致，便形成“过度代偿”，使仍保留完好的肢体器官功能得到超水平发展，甚至缺陷可以转化为特长、低能可以转化为高超的技艺，从而使残疾损失得以补偿。所以，可以通过进行功能康复训练，保护并运用好补偿器官，以达到社会功能的部分甚至大部分恢复。

3. 回归社会，自尊自强

伤残人员既要客观地看待问题、接受现实，又要认识到缺陷在很大程度上是可以补偿的，但是功能补偿只是重树信心、重返社会的必要前提，只有在真正意义上实现了回归社会，才可以说符合了他们的根本利益和长远利益。应参加力所能及的各项社会活动，消除孤独感和自卑感，从而不断地提升自我的社会价值，做到自尊、自强、自爱，充满信心地学习、工作和生活，在不断进取中体验成功。

四、一个残疾人心理自我调适的典型案例

下面引用原宜昌市某重点小学校长艾常平的一篇文章。多年前的一次意外让他成为了截瘫残疾人。此文为作者的心路历程，被各大报刊和网站刊登并转载。经作者授权，本书再次引用（引用时作者稍有改动），希望对残疾朋友能有所帮助。

残疾人心理的自我调适

艾常平

体壮如牛的汉子，顷刻间变得肢残体衰，那种失落、悲哀和苦痛是不必说的。9 年前的一天，我刚从篮球场上下来，从一个不太高的台子上摔下，被一个石块伤了第一腰椎骨，加上手术不成功，便成了一个截瘫患者，双腿的运动神经几乎丧失。历经千针万药、千辛万苦的治疗和功能锻炼，至今只能勉强仗拐行走、以车代步。当时，我还是个年仅 37 岁，且颇具发展前途的重点学校校长！然而厄运既来，想不通也得想通。既然阎王爷没要你的小命，那就得苦撑着活下去；既然要活下去，那就得活得有滋有味。不能叫悲剧意识整天笼罩着自己。那就得学会调适自己的心理，管理好自己的情感。记得一家媒体曾举办过一次关于“幸福是什么”的讨论会。诸多有识之士认为，幸福是人对自身所处境况的一种

心理体验。由此看来，人的心理的自我调适就显得至关重要了。当然，由健康变成残疾，生活形成了巨大的反差，将这当作幸福的事情来体验，是自欺欺人的，但是在残酷的现实面前，唉声叹气又能起什么作用？那就只好以积极的态度去面对它，慢慢地去调适自己的心态了。

1. 心理调适与身体的康复

当长久的多方治疗确认你无法完全恢复的时候，当你可能已经用完了家里所有积蓄的时候，当你也领略了手术难忍的疼痛、恶心的大小便失禁、无奈的卧床、可怕的孤独、绝望的痛哭与呐喊的时候，世界上一切表达痛苦的词句你不都有了相当深刻的体验与理解吗？此时，我就想，《红岩》中的许云峰、江姐们忍受的是人为的折磨，我这是意外的伤害，还有什么挺不住的呢？

既然沉溺于痛苦之中于事无补，那么就只好让自己振作起来。于是我进行着循序渐进的功能锻炼。开始的两三个月不能下床，我就让家人在床前挂个拉力器，用脚往下踩，一天三五次，一次十来下，逐步增加，每增加几下，心头就增加了一份满足感；等到能下床了，就拄双拐，三五步到十几步再到几十步，由此看到了希望，历经半年，可以走一百多步了，又试着用单拐，慢慢地，单拐走得比较稳了，同时借助残疾人专用摩托车，自己活动的空间更大了，心境也随之开朗起来，于是能在单位干些力所能及的工作了。在上述过程中，我阅读了不少报刊和书籍，特别是关于残疾人的动人事迹，重读了《钢铁是怎样炼成的》、《罗斯福传》以及《海明威传》等，这些作品里的主人公与命运抗争的故事源源不断地给我以巨大的精神力量。

2. 心理调适与生活方式

生活方式直接影响生活质量。残疾人的饮食、起居、锻炼、睡眠、娱乐等活动必须有序、有节、有度，这是心理调适的基础。要使自己的生活内容尽可能丰富起来，动静结合，趋向轻松快乐的时间和空间，尽可能回避易于滋生忧愁烦恼的生活空间。要心静如水，主观上尽量不去想那些不切实际的东西、自寻烦恼的事情和对未来悲观失望的估计，因为无论你怎样想，都不能像正常人那样驾驭生活，所以只能立足当前，用最适合现实状况的方法使自己的处境一点一点地得到改善。

健全人甚至是家人都不可能对残疾人的生活和心理完全理解，如果你要求他们能一切顺从自己的意志，你就对他们太苛求了。因为你的致残本身已经给他们造成了痛苦和不安，他们对你的感受只能是一个抽象的概念，对你的态度只能表现为遗憾、同情和谦让，他们如果对你过于同情，你反而会于心不安；如果尽全力伺候你，恐怕有时候还会“帮倒忙”。你的许多苦楚难以言表，即使讲出来也无济于事，相反还增加了亲人的心理负担，不如默默地隐忍、慢慢地化解，在需要与可能的前提下，你也不妨把你的想法和希望以恰当的方式表达出来，以得到他们的帮助。

要尽可能地为自己和家人营造一个良好的生活环境，如保持室内整洁、把居室布置得舒适一些，常用的器具、药品、书籍和玩具等既要取用方便，也不要随意放置，这样可以增强自己生活的舒适感，不仅体现了你对生活的热爱，还可以增进家人之间的融洽和理解，同时给后代起到潜移默化的教育作用。

有什么不顺心的事情不要轻易发脾气，要心平气和地通过思考来寻求解决问题的办法；不要总是怀疑人们对自己有偏见或歧视，更不要以为你是残疾人就一定要处处受到优待，你必须明确，从政府、社会到家人，都在努力为我们创造更好的生存环境，千方百计改善残疾人的生活。就像你希望得到别人的尊重一样，你也要学会尊重别人，你对人有了误解或者发现别人对你有了误解，你应当主动想办法沟通。因为在现实生活中，残疾人有些心理体验是健全人不可能有的。在这个问题上，我们应该成为主动的一方。当然，当人格和人身合法权益等受到伤害时，我们也得学会用法律保护自己。

3. 心理调适与事业

在我国，残疾人享有和健全人一样的主体发展权益，残疾人对事业的贡献同样得到社会的认可。我在残疾后，经过18个月的康复治疗，组织上为了照顾我，把我从小学校长岗位调到师资培训部门，承担中小学教师的继续教育工作。我克服了重重难关，学习、研究、创造性地工作，8 年来，我两次被评为省级先进工作者，基层的评先进几乎年年榜上有名，还被选为宜昌市第四届政协委员，2009 年，我还被评为宜昌市学科带头人，享受政府每月 300 元的资料补贴，这个结果是我起先并未料想到的。我只是想，能在单位做点小事，使日子过得更充实一点，取得一份赖以生存的收入，什么职称、职务、荣誉、名声都不应当刻意追求了，如此而已。本来就淡泊名利的我，能取得这么“骄人”的成绩，从主观上分析，心理的自我调适起到了至关重要的作用。

比人差不要紧，怕就怕破罐子破摔。上班了，不能像原来一样动手动腿，但是动口动脑还可以啊，而且更有条件深思熟虑了，能把问题研究得更透彻一些，把事情考虑得更周全一些，把课的质量上得更高一些。骑残疾车上班的我，稍长的路不能走，楼不能爬，甚至打扫清洁也得靠同事们。然而，“占有同胞的劳动”我于心不安，我得通过另外一种方式去弥补。于是我广泛阅读书报，为同事推荐资料信息；苦学电脑，为同事打印文本；勤于思考，为领导当好参谋；主动谦让，让大伙有更多机会；学会幽默和曲艺，为集体酿造甜蜜的微笑，和大家共同营造乐观向上的氛围……这些，不仅是为他人，同时，也是为自己。讲课有时半天甚至一天接着讲（课间休息除外），我从不坐着授课，从不在学员面前流露出丝毫的自卑与苦痛，总是给大家一种开朗、豁达、忘我的精神境界。在我的课堂上，学员们没有瞌睡，没有小动作，甚至上厕所也不肯轻易离开。用他们的话说，“不是因为您的威严，而是因为您的精神与精彩。”我现在的身体状况每况愈下，可谓在挣扎中活着，我接受的是常人难以想象的考验。愿命运相似的朋友和我联系。

第七节　失亲者

一、一般失亲人员的心理调整

（1）急性悲伤反应是失去亲友的常见反应。失亲者可能会对死亡感到悲伤和愤怒，对没有能力防止死亡感到愧疚，后悔没有提供援助、没有好好告别，怀念故人以及期盼再次聚首（包括梦到死者）。可能会长时间地经历悲伤、孤独或者愤怒。悲伤反应因人而异，没有所谓“正确的”悲痛过程，表达悲伤的方式没有对错之分，也没有特定的时间限制。最重要的是，我们要尊重和理解自己其实是在经历心灵上的伤痛，也就是在接纳自己的悲伤。

（2）悲伤可能使人增加吸烟量和饮酒量，应该尽量避免这些不良的处理方式。如果长期感到悲伤和抑郁，以至于影响了正常的生活，建议与专业心理咨询人员进行交流。

（3）家庭成员要知道家里每个成员都很伤心，但表达方式不一样，有的人不喜欢哭，有的人一直在哭。所以，不要因此感到愤怒、愧疚或责备，最重要的是要尊重每个人感受的不同方式，在接下来的时间里也要互相帮助。

（4）儿童可能只在短期内表现出忧伤，还可能会玩耍或者参与其他游戏活动，但他们的悲伤并不亚于其他家庭成员。一些儿童和青少年可能无法用言语来表达自己的悲伤之情，也会拒绝和别人谈论自己的感受。一些时候，转移注意力的活动可以使他们的心情平静下来，如绘画、音乐、阅读等。一些孩子可能想单独待一会儿，如果处境安全就给他们一些私人空间。当幸存者想和救助者交谈时，要安静地倾听他们的讲述，不要勉强他们说很多，也不要试探。

二、失亲孩子的心理调整

在灾难中失去亲人的孩子大多会出现以下反应：不相信亲人已经永远离开；身体不适，如没食欲、呼吸困难等；觉得自己被抛弃，对过世亲人生气；对亲人的死亡自责；模仿过世亲人的行为或特征；变的容易紧张；担心以后没人照顾他；出现跟以前很不一样的举动，如特别乖或特别顽皮。

1. 第一时间的陪伴

第一时间的陪伴很重要，陪伴者的正确反应是孤儿未来身心健康的最重要保证。

（1）不恰当的处理方式。

刻意避免和孩子讨论死亡或当做事情没有发生。

避免告知他事实，甚至扭曲真相。如转移话题，或者说“妈妈在别的地方”。

立即将孩子送走，或强迫他进入新的环境［如果孩子没有机会处理心中的伤痛，就被抛进新的生活中（如寄养家庭、孤儿院等），将会在他的心中留下极大的阴影］。

强迫孩子勇敢、坚强（有时悲伤哭泣是必要的，这时告诉他们，“你可以尽量哭”会比告诉他们“不要哭”效果更好）。

对死亡做不恰当的解释（妈妈出远门去旅行了——这会让孩子觉得妈妈是不告而别的，尤其当他等不到妈妈回来时，会更加悲伤；死掉就像睡着一样——有时孩子会害怕自己也在睡梦中死去）。

禁止孩子谈论有关灾难的话题或重述当时的回忆（孩子可以借这样的方式来降低他的焦虑）。

（2）恰当的处理方式。

照顾者对孩子的一些反应要给予解释，接纳孩子的各种情感，倾听和理解他们，或者仅仅是安静的陪伴都很重要，倾听和理解他们的悲伤、愤怒、恐惧。肢体的接触会让他们感到安全与被爱。

处理自责、内疚和罪恶感。有些孩子认为家人的死亡是自己造成的，甚至因此自责。此时，要解释亲人的死不是他们造成的，是灾害造成的（要分清楚责任）。让孩子了解每个人都会犯错，他已经表现得很好了，不需要为亲人的死负责。帮助孩子回想和过世亲人的快乐日子，提醒孩子他也曾让他的家人感到很快乐。儿童和青少年可能会为自己没死而家人死了的事实感到内疚。他们可能相信是自己造成了家人的死亡。家属需要帮助他们消除这种负罪感，并向他们保证在这种情况下没有人会责备他们。“我们尽了一切努力去救每个人。看到我们都很安全，爸爸会很高兴的。你没做错任何事情。”（注意：只说一次是不够的；罪恶感会一阵一阵地来。要解决孩子的担忧、疑惑和内疚，可能需要家长长期的帮助。）

尽量让孩子产生对陪伴者的依恋，这种依恋可以让孩子获得安全感。孤儿的稳定照顾者最好是两个人，就像家庭一样有父母两个人，这种相互支持的两个人会让孩子感到更安全。也可以找到孩子熟悉的人，包括亲戚、邻居，最好将这些人都纳入照顾者的队伍，熟悉的人的参与会减轻孩子的不安全感。

很多孤儿可能为了获得更多关注，产生对爱的竞争。所以，照料者以及其他短暂和孩子接触的人员要注意公平原则，避免因为差别的照顾导致孤儿产生进一步的心理问题。

对孩子要诚实，不要让孩子混淆想象和现实。有些孩子要爸爸妈妈，或者将陪伴者当成爸爸/妈妈，喊陪伴者为爸爸/妈妈，不要直接答应，那样会造成孩子分不清谁是他真实的父母，不要说爸爸/妈妈马上就来，告诉他现在爸爸/妈妈不在，叔叔/阿姨在这里陪他、照顾他，叔叔/阿姨喜欢他、爱他。也可以解释自己不是爸爸/妈妈，是叔叔/阿姨，但是现在可以一起玩个游戏，叔叔/阿姨可以扮演爸爸/妈妈（陪伴者这样的介绍可以让他知道游戏不是真实的），让孩子慢慢接受他的父母不在了的现实。

（3）不同年龄段失去父母的孩子的心理反应及应对。

学龄前儿童可能无法理解死亡是永久性的，可能相信只要祈愿人就能复活。他们需要别人帮助确认一个人死亡的客观现实（不再呼吸，不再会动，也不会有感觉，不会感到不适和疼痛）。他们也可能关心是否会有不幸发生在另一个家庭成员身上。学龄前儿童需尽早获得持续的照料和有规律的生活。他们很容易受到各种变化的影响：食物的不同，重要的毛毯不见了，或者晚上入睡时的方式不同或者陪伴的人不同。陪伴者应询问孩子，他们是否有什么做得不一样，或者“不对”（如“我和你的妈妈做得不一样吗”）。

学龄儿童可以理解死亡的客观事实，但可能把死亡看做一个恶魔或者骷髅。由于渴望死者的归来，他们可能会因看到“鬼魂”而产生负面情绪，却不告诉任何人。学龄儿童失去的不仅仅是主要的看护者，也是时常在他身边安慰他并帮助他进行日常活动的人。看护者应当尽可能地尝试去填补这个角色。儿童可能对替代者感到愤怒，尤其是被要求遵守纪律时。看护者需要理解儿童是在思念失去的亲人，并要提供特殊的安慰和照料。

青少年通常知道死亡是不可逆转的。失去亲友可能会引发他们的愤怒，造成冲动性决定，如辍学、离家出走和酗酒等。这些情况需要家庭其他成员和学校予以密切关注。青少年可能会感到不公平，对死者有抗拒。他们不得不背负家庭重担，因此可能为没有更多的独立时间和空间来做自己的事而感到怨恨。看护者应与其讨论如何来平衡这些需求。

以下是一些就死亡话题与儿童和青少年沟通的建议：

对孩子保证他们有人爱，有人照顾；留心孩子想要述说已发生的事的迹象；不要让孩子觉得内疚，也不要让孩子因为想说或不想说而感到尴尬；不要勉强孩子开口；回答孩子的问题时要简略、真诚，并要适合孩子的年龄；仔细听他们的叙述，不要进行价值判断；反复向孩子强调，死亡不是他们造成的，这不是他们的错，也不是对任何人做的任何“错事”的惩罚；老实回答关于出殡、埋葬、祈祷和其他仪式的问题；准备好回答孩子一遍又一遍的提问；不要不好意思承认你不知道问题的答案。

2. 失亲一段时间后的处理方式

（1）分享经验。

鼓励孩子说出发生灾害时的经历，或者用间接的方式与孩子讨论亲人死亡的话题，如讨论小宠物的死亡、亲人过世的心情等。跟孩子谈他失去家人的感觉，可以通过言语、绘画或黏土的方式让孩子表达他内心的悲痛、伤心，甚至悔恨，等等。

（2）讨论死亡。

当发现孩子对死亡产生疑惑时，主动地和他讨论。越回避，越会使孩子觉得死亡是一件神秘而又可怕的事。若孩子问其他家人："你会不会也死掉?"其目的是想确定他是否能有家人继续陪伴，这时可不正面回答他的问题，而是告诉他："我们当然都希望可以一直生活在一起很久很久……"可以和孩子一起回忆过去和家人在一起的美好情景，提醒孩子"他爱过你，你也爱他"，这些曾一起分享过的美好回忆，不会因为对方的逝去而变得没有意义。

（3）告别亲人。

年长一点的孩子可以让他们祷告、祭拜或参加亲人的丧礼，并告诉他们丧礼的过程与意义；至于年幼的孩子，若怕对他冲击太大，则至少可以让孩子分担家人的悲伤与忙碌。例如，四岁的孩子，就可以教他如何折纸元宝。

帮助解决关于儿童在葬礼、遗体告别仪式上的出席问题。记住以下几点：

让儿童参加葬礼，对他们是有帮助的。可以帮助他们理解死亡的客观现实，这也是哀悼的一部分。不被允许参与的话，孩子会感到自己在家庭的重大事件中被排斥。

家长应给孩子一个选择的机会，让他们自己决定是否参加葬礼或其他仪式。可以鼓励，但不能强迫。在他们选择之前，告诉他们葬礼上会发生什么，让他们知道大人们会哭得很伤心。

让孩子选择举行葬礼时坐在他们身边的人。确保那个人能好好地照顾他们。

但让孩子能够随时和身边的大人离开，即便只是暂时的，因为孩子可能会觉得压力太大。

告诉孩子如果他们不想参加还可以有其他的选择，如待在邻居家或者朋友家。如果他们不想参加，说一些或者读一些东西给他们，告诉他们将来也要参加一些纪念活动，包括他们自己组织的纪念活动。

可能的话，提前带年幼的孩子到仪式地点，让他们熟悉环境。让年幼的孩子看或者触摸尸体时要特别谨慎。年幼的孩子可以用照片来与亲人告别。

告诉年幼的孩子，死去的亲人现在没有受苦。

（4）处理新生活中的怀念情绪。

应该想象一下孩子可能怀念他们父亲的时候，如吃饭的时候、要去睡觉的时候。如果你说“很难过，爸爸不和我们在一起了”，你会看到每个人都会感到轻松一些，孩子不会再感到孤独，这能够帮助他们渡过难关。当看到孩子突然的变化（看上去很失落、伤心或者生气），然后估计他们是想爸爸了，要让他们知道你也很想他，可以说：“你看上去很伤心。我猜你是想爸爸了。我有时候也感到很伤心。如果你不开心的话可以和我说，也许我能帮你。”可以给他们一点时间自己待着，或者安静地坐在他们身边，拥抱一下孩子。

三、失亲老人的心理调整

1. 失亲老人的一般心理反应

一般情况下，老年丧偶虽然是人生必经的一个生活事件，但是与自己朝夕相处的老伴暮年分离的痛苦是不言而喻的，同样，老年丧子被认为是人生一大悲伤，若这些丧亲都是灾难引起的，则更加令人悲伤。老人的心理变化可以分为两个阶段：前阶段的过度忧伤和后阶段的孤独无助。女性在前阶段反应强烈，持续时间长，难以解脱，但一旦情绪平稳后，她们生活自理能力强，容易适应新生活。男性的感情不外露，居丧前期表现不是很强烈，但对之后的独立生活适应困难，这时一些负面情绪反而会加重。

（1）前阶段：悲伤。

①承认：得知亲人亡故的消息后，一般会表现得麻木不仁，情感休克。这是人保护自己的正常心理反应——拒绝接受这个现实，这个时期可能持续几个小时至一个星期。

②内疚：内疚在所有居丧者中都或多或少存在，觉得对不起逝者，甚至认为对方的死自己要负主要责任，只要不太强烈，这一阶段终究会度过的。我们应该学会接纳现实，原谅自己，以积极的方式消除内疚。

（2）后阶段：孤独无助。

①怀念：居丧的老年人在悲哀之情平息后，会产生对死者的深深怀念。这时，在他们的头脑中会反复出现老伴的身影，时而感到失去他（她）之后，自己是多么的孤独。这个阶段可能持续几个星期甚至几年。

②恢复：居丧的老年人逐渐认识到“人的生、老、病、死是无法抗拒的自然规律”，“对老伴最好的寄托和思念是保重身体、更好地生活下去”，理智战胜了情感。

2. 失亲老人应该如何调整

（1）前阶段：消除忧伤、重振精神。

陪伴者应该注意：承受了巨大的打击后，居丧的老人往往难以对关心和安慰作出适当的反应或表示感激，甚至会拒绝别人的好意。这是因为居丧者往往把悲哀的时间和强度等同于对死者的感情。陪伴者千万不要放弃对老人的安慰，坚持给他以帮助和关心。最好还能帮他料理家务、处理后事，提醒老人的饮食起居，保证他得到充分的休息。

寻找安慰和归属：这个时期老人应该回到其他亲友身旁，不要拒绝亲友的帮助，独自面对不幸，寻求他们的关心安慰，至少是拥抱或者握手，让自己感受到温暖和归属感。

情绪释放：可以反复哭泣，向亲友或者遗像诉说自己的想法，也可用写日记的方式，把内心的痛苦写下来，在祭日时烧掉。尽人事、顺天意，接受改变不了的现实，学会原谅自己，消除自责或者内疚感。应该明白，痛苦和悲哀不是衡量某种关系价值的指标，正常的悲哀反应会随着时间的推移逐渐淡化，悲哀的正常淡化并不意味着对死者的背叛。

居丧一段时间后，若经常看亲人的遗物，会强化其思念之情，促使其总是回忆往事，建议可以把遗物暂时收藏起来，或者将家中的布置作个调整，这样不仅可以减轻悲伤情绪，同时也有助于把注意的重点转移到现在和未来的生活中。老人还可以到亲戚朋友家小住一段或到外面旅游，出去走一走，视野开阔了，悲哀的情绪也会随之减轻。

（2）后阶段：消除孤独无助，面对生活。

尽快恢复昔日的人际关系和社会功能。有时人们很难控制情绪，却可以控制行为。亲人过世，尤其是伴侣过世，原有的某些生活方式会被破坏。应该重整生活方式，让自己与其他亲友重新建立和谐的依恋关系，让自己感受到虽然失去了亲人，但家庭成员的温暖与关怀依旧，感受到生活的连续性、安全感和归属感。要恢复甚至扩大自己的朋友圈、活动圈，与人多交往，在诉说生活琐事的过程中，淡化自己内心的痛苦体验。子女亲友要主动给予老人更多的陪伴和关怀，减少老人的孤独无助感，使其逐步习惯新的生活。

转移注意力：居丧老人除了要照顾好自己的饮食起居以外，还可以读书、听音乐、去公园散步，进行锻炼；也可参加老年大学，丰富自己的精神生活；选择自己喜欢的一项或几项运动，坚持下来，让每日的生活有规律；培养新的业余爱好，如养花、种草、集邮等；做一些力所能及的家务，主动参加社会公益活动。

常怀感恩之心，助人为乐。心理学表明，利他行为可以有效地减轻居丧者的悲哀。把昔日亲人的爱转移到其他亲人身上，感谢亲人在世时带给自己的快乐，如果能做一些力所能及的事帮助别人，就更能与亲朋邻里友好相处，得到更多的社会情感支持。

第八节　灾区周边居民

一、避免过度关注引起的创伤

媒体（如电视、广播）报道很可能引发消极情绪，尤其是对儿童和青少年。所以，应该有意识地控制自己对媒体的关注，远离某些恐怖的画面和声音，避免额外的创伤体验和暗示。

二、寻找准确的信息来源，减少自己的恐慌

同所爱的人身处异地或是为他们的安危而担忧或悲伤。此时要主动寻求一些实际的帮助，联系现有的信息站和登记处，找到自己的家人并和他们联系。同时寻找正确的灾情信息，不要道听途说各种传言，让自己感到更不安全。

第五章　不同类型救援者的心理反应与自我心理调节

当灾难发生时，除了那些经历了灾难过程的灾区民众会产生心理创伤外，参与救灾的各类人群，包括参与救援工作的战士、医护人员、政府人员，以及到前线进行救援报道的新闻记者，也极易产生心理创伤。对这类群体而言，虽然没有亲身经历灾难发生的瞬间，但却目睹了大量灾难所造成的悲惨的破坏性场景。同时，他们又担负着救灾的重任，所接触的往往是较具有创伤性的场景，这些都构成了救援者的应激源，再加上高强度的救灾工作等给救援者带来的较大的精神压力和身体压力，当压力和情绪体验超过其中部分人群心理和情绪的耐受极限时，就会间接导致各种心理异常现象，出现创伤性反应。

救援群体的心理创伤问题同样需要予以积极关注。但救援者由于对自己帮助者身份的定位，较少意识到自己也在经历创伤过程、处于应激状态，较少主动关注自身的心理创伤问题，而当感觉不适并出现躯体症状时，创伤所造成的损害可能已经很大了。有些救援者在救灾现场就表现出对社会功能的损害，而部分救援者在回到归属地后才逐渐显露出创伤影响。汶川灾区救援者中就曾经发生过志愿者从灾区回来后自杀的案例，以及北川干部董玉飞的自杀都是灾后创伤反应的典型个案……对救援者来说，了解自身在救灾中的心理反应是必要的，更为重要的是应当掌握心理自我调节的方法。在救灾过程中，预先主动关注并调节自己的心理反应，一方面尽量减少灾难和救援工作给自己带来的心理创伤；另一方面，也让自己能以良好的精神状态投入到救援工作中去。

地震和其他重大灾难的救援者，常常会由于对生还者及其创伤的同情和共情，而出现严重的身心困扰，甚至心理崩溃。出现以下征兆和表现的时候，往往表明帮助者已出现了心理崩溃：

1. 身体反应

易疲劳，体能下降，由于身心极度疲惫，休息与睡眠不足，易产生生理上的不适感，如眩晕、呼吸困难、胃痛、紧张、无法放松等。

2. 心理反应

主要是创伤反应和人际冲突。表现为与他人交流不畅，情感迟钝，失去对公平、善恶的信念，愤世嫉俗，对自己经历的一切感到麻木与困惑，因心力交瘁、筋疲力尽而觉得生气。例如，对周围人、政府官员、媒体感到愤怒，感到不够安全；睡眠出现问题，做噩梦，集中注意力和决策困难；缺乏自制力，缺乏耐心；与他人关系紧张，失去信任感。

3. 职业困扰

主要是有耗竭感。表现为怀疑自己的职业选择，绝望，感到软弱、内疚和羞耻，感到自己的问题与受灾者相比微不足道，因觉得自己本可以做得更好、做得更多却没做到而产生罪恶感，怀疑自己是否已经尽力，对于自己也需要接受帮助觉得尴尬、难堪，过分地为受害者悲伤、感到忧郁。

上述问题通常是由以下因素引起的：缺乏足够的休息，工作量过大，缺乏他人的指导，救援者有自己的个人创伤问题等。

由于职业性质不同，不同救援群体所面临的应激源不同，心理反应和创伤体验也就不同，在进行心理的自我调节时存在一定的差别。

第一节 医护人员的心理反应与自我心理调节

一、医护人员在救援过程中的心理反应

有学者对灾区一线医务人员的心理状况进行研究后指出，地震期间救灾医务人员承受的心理压力较大，其心理受到不同程度的伤害，出现了各种躯体反应，以及焦虑、恐怖等情绪反应。这些问题较大程度上与医护人员的救护工作有关。他们的工作对象基本上是需要及时处理的病情重、伤情复杂的伤员，工作强度大、任务重、时间紧迫、工作难度也大大超出日常水平。医护工作对灾区群众来说无异于生命保障之一，若医护人员自身出现心理问题，对灾区来说是另一种灾难，而对医护人员来说，也将影响其今后的工作和生活。

医护人员在救援中可能出现的心理反应：

（1）休息与睡眠不足，产生生理上的不舒服和极度疲劳感。主要表现为体能下降，眩晕感，呼吸困难，肠胃不适，食欲不振，睡眠质量差或有失眠现象等。

（2）心理功能下降。主要表现为无法集中注意力，思维易涣散，记忆力减退等。

（3）情绪反应极端。主要表现为过度地感到悲伤、忧郁，或反应过度的抑制状态，如麻木等。

（4）易受激惹、有罪恶感。常因为抢救伤员不顺而难过，有耗竭感，因觉得自己或他人救灾工作做得不好而有罪恶感、内疚感，易对自己或他人生气甚至愤怒等。

（5）由于情绪失调导致人际冲突增多。与其他同事或伤员产生冲突。

（6）遭遇多次救助无效后产生强烈的挫败感，怀疑自己的职业技能甚至是职业选择，失去生活的勇气和信心。

二、医护人员心理问题产生的原因

(1) 工作量过大，造成医护人员的休息不够；需要及时处理复杂多样的伤情，使医护人员长时间处于高度紧张状态，难以放松。

(2) 饮食不充足，造成医护人员的体力下降；工作场地环境简陋且危险，造成医护人员的不安全感和恐惧感。

(3) 医护人员在众多受灾者需要救治而人手有限时，顾此失彼，失去了理智的控制能力。

(4) 工作身份的认同与责任感，往往使医护人员对自己有过高的期望。当伤员因伤势过重而救治无效时，医护人员就产生了强烈的自责感、负罪感，造成自身的创伤。

(5) 医护人员本身有亲属在受灾地区遇难或是失去联系，在看到伤员时联想到自己的亲属，从而导致情绪失调。

三、医护人员的自我心理调节

(1) 认知和观念调整：①告诉自己当前的所有感觉均是正常的，是人在这种情境下的正常反应。当救灾结束、环境改变后人的感觉也会有所不同。②肯定自己与其他人在抢救伤员工作中的每一点微小的付出。尽管这些付出并不一定能帮助到所有人，但因为自己的付出，有一些人确实得到了帮助。③当有伤员救治无效时，请告诉自己那不是你或其他人的错，因为你或他人均已尽力了，任何人都不能左右世间的一切事物，让我们一起为伤员祈祷吧。④灾难并不会时时发生，过去自己曾积极地生活，将来自己仍将积极地生活。

(2) 有困难时，不要犹豫，要向伙伴们提出，并接受他人提供的帮助与支持。多与家人和朋友联系，获得情感支持。

（3）将不良的情绪宣泄出来。可以大哭一场，或是无伤害性攻击（击打不会造成伤害的物体），不要羞于将自己的悲伤、恐惧、愤怒等不良情绪向其他人诉说，倾诉是很好的宣泄方式。

（4）必须保证定时定量的饮食和有规律的作息，以保持充足的体力。留意自己与伙伴是否过分疲惫，在可能的情况下尽量让自己休息时的环境保持安静、舒服、自在。

（5）采用深呼吸法、想象放松法，或者是肌肉紧张、放松抗拒法让自己放松。

（6）多鼓励自己及周围的同事、亲友，相互加油、打气，避免批评自己或其他伙伴的救助工作。

（7）找到能使自己提起精神或兴奋的事，回顾自己做过的有意义的事，重塑自我价值感。

第二节　军人警察的心理反应与自我心理调节

一、军人警察在救援过程中的心理反应

军人警察往往处于救灾工作的最前沿，要进行高强度的救援工作，睡眠严重不足，而且没有充足的食物和水，不能保证营养的供给，很多武警官兵的身体状况基本处于临界状态，极度疲劳。此外，他们还要在第一线接触大量尸体，目睹极其悲惨的场景。这些因素加在一起，给救灾一线军人警察的身体和心理带来极大的挑战。

通常，在战争条件下，军人会出现战斗应激反应，当应激反应强烈时，甚至会出现不能战斗或工作的情况。最常见的应激反应有明显的躯体不适，有焦虑、抑郁、恐惧等情绪反应，记忆力下降，难以集中注意力，言语交谈困难等；严重

者会出现过度烦躁、强烈战栗和攻击性行为。在工作中思维迟滞，动作僵化，挫折耐受力降低，固执己见等。最严重的患者表现为极为缓慢的思维和动作，两眼发直，完全丧失工作能力。在战争情况下，当官兵遭遇突发创伤性事件之后，常常会有不同的应对方式，例如，当战友牺牲之后，官兵可能出现的反应一是否认，不接受现实；二是退行，采用幼稚的行为方式来应对；三是压抑，把失去战友的痛苦和焦虑压抑住，有意无意地忘记它；四是攻击，可能会责怪、谩骂他人，甚至大打出手，也可能会自残；五是自责，认为自己没有做好，产生内疚感和罪恶感等。救灾现场等同于战场，这些消极的应对方式同样会出现在救灾工作中，影响官兵的心理健康。从以往特别是三十多年前唐山抗震救灾的实践经验来看，随着救灾工作进入相对平缓时期，部分官兵容易出现频繁回忆、自我检讨、内疚遗憾等心理现象，有的甚至会出现自责哭诉、不吃不喝、频做噩梦等心理问题。

军人警察在救援中可能出现的心理反应：

（1）生理反应。呼吸急促，伴有多汗、战栗、肌肉紧张。食欲不振，包括上腹部不适、腹泻、恶心、呕吐等。头痛，对刺激敏感，体能衰竭、有过度疲劳感，但却由于过度兴奋而出现睡眠障碍，无法放松进入休息状态。

（2）心理功能受损。主要表现为难以集中注意力，记忆力下降，思维反应缓慢，并伴有强迫性思维和动作。言语反应减少而动作反应增多。

（3）情绪反应以兴奋性和抑制性为主。主要表现为过度焦虑和烦躁，对周围反应敏感，但又刻意压抑悲伤、愤怒和恐惧感。

（4）强烈的责任感、压力感和内疚感。在救援中，常因为面临抢救选择而产生巨大的精神压力，在无法进行救援时产生强烈的负罪感。

（5）由愤怒导致的攻击行为增多，易与周围人群发生人际冲突。

二、军人警察心理问题产生的原因

（1）环境因素。军人警察往往处于极为恶劣的工作环境中，条件受限，导

致工作难度加大，工作压力加剧；同时又要面对疲劳、饥饿、寒冷、过热、缺乏睡眠，以及长时间的激烈战斗和随时可能出现的意外情况。

（2）个人因素。参与救援的军人警察大部分年纪较轻，缺乏战斗经验，缺乏投入战斗的思想准备。绝大多数人第一次看到死亡，而且还要搬运尸体，造成其极大的心理冲击。

（3）军人警察的职业性质导致他们压抑内心的悲痛、焦虑、愤怒和恐惧，情绪得不到适当宣泄。

（4）军人警察在救援工作中常要面临两难的救助选择。这种选择往往又事关生死，这造成军人警察内心极大的冲突与痛苦，失去了理智的分析判断能力。

（5）强烈的责任感和使命感，使军人警察对自己施加过多的压力，长时间处于高度紧张和戒备状态。当条件和时间限制使救援工作未能顺利、有效地开展时，会产生强烈的自责感和负罪感。

（6）军人警察本身的亲属也在灾难中受到伤害，而自己无法亲自予以帮助时，心理失衡，并有情绪反应。

三、军人警察的自我心理调节

1. 认知和观念调整

（1）告诉自己出现在自己身上的这些反应都是正常的，它是在这种特殊情境下的正常反应。

（2）尽管作为军人警察在这样的困境中必须是人民强有力的保护者，但却不是全能的。相信自己在抢救工作中已经尽了全力，不论是出于人道主义还是出于职责，自己已经做到了问心无愧。

（3）在抢救中往往会有一些后果是我们不愿意看到的。请记住，那不是你造成的，更不是你的错，你已经尽全力使灾难的损失减到了最小。

（4）灾难并不是时时发生，现在的一切都是暂时的，以后将变成回忆，而未来将是一派新的景象。

2. 适当宣泄

可以选择适当的时间、地点，适当的发泄对象，用适当的方法把内心的痛苦表达出来。可以和自己身旁的战友、班长、上级述说一下自己内心的感受。这种相互的倾诉不仅可以减轻心理压力，减少负面情绪，还可以密切团队关系，提高整体的工作效率。也可以大哭一场，将不良的情绪宣泄出来。

3. 保证体力和作息

保证维持体力所需的饮食、水以及有规律的作息。可在连续军事作业之前进行预防性睡眠，在紧张的救援中采取工作轮换制保证恢复性睡眠，或是灵活地利用间隙时间进行适当的小睡。

4. 转移注意力

当面对血淋淋的残酷场面时，多注意那些体现人间真情的、积极温暖的事件，尽量保持情绪平稳，自我鼓励。

5. 积极寻求社会支持

可以多和家人打电话，与周围群众多沟通，努力参加集体活动，获得来自社会、领导和战友的支持。

6. 学会放松

做深呼吸，可使身体的紧张焦虑状态得到缓解；肌肉放松法，从头部开始到脚趾，每一处的肌肉可尝试将其先紧张后再放松，进而可使全身放松；也可以在心里想象一些美好的情景和事情，也能达到放松的效果。

7. 积极行动

积极参与救灾和灾后重建的工作，再次感受生命的坚韧与意义，重塑价值感，让灾难成为继续奋斗、不断努力的动力。

第三节 灾区干部的心理反应与自我心理调节

一、灾区干部在救援过程中的心理反应

地震发生后，灾区数以百万计的基层党员干部与受灾群众患难与共、生死相依，用自己的勇敢、挚爱和忠诚，履行着神圣的职责。灾区人民群众评价说："他们才是真正'第一时间'与灾区群众在一起的人。"他们本身就是受灾群体中的一员，与普通受灾群众不同的是，他们肩负的责任更重。他们中很多人的亲人在地震中遇难，却只能舍小家顾大家，甚至眼睁睁地看着自己的亲人被压在废墟下而去救助他人。无论是在抢险救灾和灾后的恢复重建过程中，还是在落实上级的各项指令和要求过程中，基层党员干部都要事无巨细、身先士卒，很多干部长期工作在基层，没有节假日，没有正常的家庭生活，没有固定的吃饭睡觉时间，有的甚至长期带病工作而得不到及时医治，身心极度透支。四川省有关部门组织部分抗震救灾英模代表到医院进行体检，发现有一半以上英模存在不同程度的焦虑和抑郁等心理症状。

工作在灾区一线的基层干部是一个很特殊的群体，他们自己就是灾民，但还要承担很多救灾和重建工作。他们中的绝大多数都有亲友伤亡和财产损失情况，但在这样的非常时期，往往不能顾及自己所遭受的灾难，首先只能成为一名抗震救灾工作的领导者和指挥者。一方面，大多数灾区基层党员干部处于一种超负荷工作状态，工作量至少是震前的5倍以上，救灾和重建任务非常繁重，与此同时，灾区群众的殷切期待也使他们无法放松自己的工作；另一方面，他们还必须以宽慰者和帮助者的身份面对灾民的诉求甚至是一些人的怨言。他们内心在背负着强烈悲痛的同时又面临着巨大的工作压力，而与灾民打交道的时候，或是向上级领导汇报工作时，往往在无形中重复自己已经经历过的伤痛。这些因素直接导

致灾区干部产生较为突出的心理问题。董玉飞、冯翔的自杀以及罗世斌的“过劳死”触目惊心地提醒着人们这一群体更需要人们的关心和帮助。

SCL-90症状自评量表结果显示，灾区干部在躯体化、抑郁、强迫、敌对、偏执和精神病性因子方面显著高于正常值，敌对、偏执、强迫等因子偏高，是由于工作繁重，加上受灾后无法发泄情绪而导致愤怒；躯体化、抑郁等则源于丧失亲人、家园却没能充分地表达哀伤。

灾区干部作为受灾者，他们身上同样存在灾民的心理反应，如恐惧、闪回等（详见前一章），同时，作为一线救援工作者，他们身上还存在其他的心理反应：

（1）生理反应。肌肉紧张，食欲不振，睡眠障碍；头痛，体能衰竭感，过度疲劳感，无法放松进入休息状态。

（2）在救灾和与灾民接触中多次感受灾难情境，从而产生一再的情绪反应与情绪压抑交替的两极性的情绪冲突。

（3）强烈的责任感、压力感。繁重的工作、灾民的期待以及对自己身份职责的认同导致在救灾中产生强烈的责任感和压力感。

（4）角色冲突带来的内疚感和孤独感。工作角色与家庭角色不能兼顾，两者之间的冲突导致灾区干部产生对亲人强烈的内疚感和得不到支持的孤独感。

二、灾区干部心理问题产生的原因

（1）救灾工作的复杂性、迫切性使灾区干部面对前所未有的工作强度和更高的工作需求，角色的不适应带来较强的焦虑和压力感。

（2）在应激事件中，常规的工作程序常常会被打乱，往往使部门和人员之间的容忍度下降，会出现更多埋怨和指责他人的情况。

（3）面对上级的工作指示，即使做了大量的工作，采取了有效的措施，也不会得到太多的肯定，而如果工作稍有不利的话，就会受到非常严厉的批评。

（4）自己本身作为灾民的情绪得不到释放和宣泄，却要以援助者的身份面对灾民的种种不良情绪。反过来，灾民的烦躁情绪也会影响灾区干部的情绪以及工作效率。

（5）家庭角色的需要得不到满足，正常的家庭生活遭到破坏，巨大的工作压力难以应对时产生强烈的角色冲突和孤独感。

（6）工作秩序被打乱，管理灵活性的要求上升，掌握全局的能力下降，导致工作上的混乱和应激的增加以及工作效率下降，这些都可能会导致他们质疑自身的能力和价值。

三、灾区干部的自我心理调节

1. 认知和观念调整

（1）不良情绪并不会随着压抑而消散，反而会在心中累积，当累积到超过人们的承受极限时就会导致极端反应。因此要告诉自己，内心感到悲痛是正常的，它是在这种特殊情境下的正常反应，不需要去压抑。

（2）作为一线政府工作人员，他们是灾民的希望，因此更应该保证自己保持良好的工作状态，休息是为了更高效率的工作，是工作必不可少的一部分。

（3）灾难所带来的后果是谁都不愿意看到的，那不是人为造成的，更不是自己的错，自己已经付出了比其他人更多的努力来使灾难的损失降到最少。

（4）虽然不能在家庭中担负起相应的责任，但自己并没有抛开家庭，没有弃之不顾，自己所做的是使更多人的生活变得更好而已。

（5）灾难并不是时时发生的，现在的一切都是暂时的，在大家共同的努力下，未来将更美好。

2. 适当宣泄

可以选择适当的时间、地点，适当的发泄对象，用适当的方法把内心的痛苦表达出来。尤其是那些丧失亲人的人需要将内心的痛苦以及内疚感表达出来，可以使用空椅子技术让自己的情绪得以缓解。

3. 保证体力和作息

保证维持体力所需的饮食、水以及有规律的作息。建立轮班休息制度，合理利用零散时间。

4. 转移注意力

当面对血淋淋的残酷场景时，多注意那些体现人间真情、积极温暖的事件，尽量保持情绪平稳，自我鼓励。

5. 积极寻求社会支持

可以多和家人沟通，和上、下级交流感受，寻求他人对自己的理解及对自己工作的认同。

6. 学会放松

做深呼吸，可使身体的紧张焦虑状态得到缓解；肌肉放松法，从头部开始到脚趾，每一处的肌肉都可尝试将其先紧张后再放松，进而可使全身放松；也可以在心里想象一些美好的情景和事情，以达到放松的效果。

7. 寻求专业援助

必要时寻求经过危机干预和创伤治疗培训的心理治疗师的帮助。

第四节　学校教师的心理反应与自我心理调节

一、学校教师在救援过程中的心理反应及原因分析

在地震灾区，教师同样面临着灾难所带来的身心创伤。不少教师亲眼目睹了同事和学生的死亡，有的也失去了亲人。但他们作为灾民的同时还担负着教师的职责，一方面要照顾学生，另一方面还要开展教育工作。因为没有时间考虑家庭，表达自己所承受的伤痛，面对亲人和学生的离去，一部分教师还可能陷入自责之中。

在灾难事件中，少年儿童更需要一个安全和稳定的处所，获得关心和温暖，还需要在他人的指导下应对灾难事件所带来的心灵创伤。对学生来说，学校无疑是提供帮助的第一场所，教师则是为学生提供心理支持的重要源泉，教师为学生提供安全保证和气氛支持是非常重要的。教师如果长期处于情感压抑状态中，或情绪不稳定，过分焦虑，无法控制自己的悲伤，不时流露出惊恐、焦虑、抑郁甚至绝望的情绪，会对学生心理的康复产生十分负面的影响，不仅难以为学生提供支持与帮助，甚至会加剧学生的心理危机，而教师心理的康复也是恢复正常教学工作的重要保障。

经历过突发性灾难事件后，短期内教师会出现一系列的应激反应，如痛苦、悲伤、惊恐、精神恍惚、注意力难以集中等，如果这些负面情绪不能得到很好的释放，会延长心理危机持续的时间，给教育教学工作带来严重的影响。如果缺乏必要的危机干预，部分经历过严重的、危及生命的创伤性应激源的教师会出现长期心理创伤，在未来数年内甚至终身都会出现持续性的重现创伤体验，反复痛苦回忆、做噩梦、幻想以及相应的生理反应；有持续性的回避与整体感情反应麻木；有持续性的警觉性增高，如情绪烦躁、入睡困难等，并导致个体明显的主观痛苦及社会功能受损，主要精力不能放在教育教学上，这必然给正常的教育教学工作带来损失。

作为灾民，教师除了具有上述反应外，其他可能的心理反应及原因分析如下：

（1）教师出于职业身份，对人的生存状态本身就特别关心，常常会过度地为受害者悲伤、忧郁。

（2）为学生的遭遇感到十分悲伤，由学生的反应与行为，回想到自己本身的情形，进而严重影响个人情绪，或者对自己经历的一切感到麻木与困惑。

（3）觉得自己还可以做得更好、做得更多，怀疑自己是否已经尽力帮助周围的人，特别是那些在灾难中伤亡的人，对自己幸免于难产生罪恶感。

（4）因心力交瘁、极度疲劳而容易生气，会对周围的亲友、政府官员、媒体感到愤怒，甚至出现暴躁易怒的情形。

(5) 对可能要接受的心理辅助觉得尴尬，甚至抵触。

(6) 由于身心、休息与睡眠的不足，此时容易产生生理上的不适感，如眩晕、呼吸困难、胃痛、紧张、无法放松等。

(7) 原本怀着满腔热情想帮助学生，却因为学生拒绝谈论灾后创伤或拒绝关心而感到十分受挫。

二、学校教师的自我心理调节

1. 认知和观念调整

(1) 肯定自己的这些心理反应，如罪恶感、悲伤、忧郁等，都是正常的，是人在这种情境下的正常反应。当救灾结束后，这一切都会成为回忆的一部分。

(2) 肯定自己在灾难中所做的哪怕是微不足道的一些事，正是由于自己的付出，才使那些无助的孩子有了一个精神上或生活上的依靠。

(3) 灾难中有许多事是无能为力的，这不是任何人的错，自己已经做了超出本职工作的努力，这些努力是救灾工作中必不可少的一部分。

(4) 灾难总会过去，我们会记住那些离去的人，但更应该珍惜现在这些仍然需要帮助的人。在过去，自己曾引导学生积极地生活，将来自己仍然会和无数学生一起积极地生活。

2. 积极寻求社会支持

不要为自己悲伤时感到脆弱而难过，接受自己的感觉并将这些感觉与经验说给其他人听，与其他教师讨论，相互支持和鼓励。真诚地接受他人提供的帮助与支持。多与家人和朋友联系，获得情感支持。

3. 适当宣泄

不要压抑内心的不良情绪，以适当的方式将其宣泄出来。多留意自己的身心状况，适时让自己休息。

4. 多鼓励，少批评

多给予自己及周围的同事、亲友鼓励，相互加油、打气，避免批评自己或其他伙伴的救助工作。

5. 对学生多些包容

学生面临如此重大的压力和伤害时，可能会出现一些反常行为，有的学生会纠缠、跟随教师；有的学生会因愤怒而攻击其他学生；或出现一些幼儿时期才会有的行为。这是在这种特殊情况下学生的正常反应，教师应多一些耐心，尽可能态度温和、情绪平稳地面对这些情况。

6. 重塑自我价值

可以想象自己所做的努力对孩子的将来有着重大的意义，找到能使自己提起精神或让自己兴奋的事情，重塑自我价值感。

第五节　志愿者的心理反应与自我心理调节

一、志愿者在救援过程中的心理反应

志愿者是自发组织抗震救灾的民间力量。他们自愿参与到救灾工作中完全是出于内心的热情和为灾区人民尽一份力的渴望。但这样自发的救援组织往往存在盲目性和冲动性，没有明确的救援工作规划，对自己的身体及心理承受能力估计不足，在面对灾区超乎想象的惨烈现状时可能会遭受过度的情绪刺激。同时，诸多救援者所从事的救援工作与他们的想象相去甚远，对灾区深切的悲痛与自己发挥能力的局限之间的冲突容易导致挫败感，并造成情感枯竭。曾有志愿者在从灾区返回后出现了一系列的心理问题，如自闭，不愿与人交往，脾气暴躁，寝食难安，以及原有生活观念和生活秩序发生较大改变等。而深入重灾区的志愿者的情况可能会更严重。

相对来说，志愿者所感受的工作压力比上述群体小，但却几乎都会受到情感性创伤。由于工作要求持续付出情感，在与他人相互作用过程中遇到的各种矛盾、冲突引起挫折感加剧，而最终导致在情绪、情感、行为等方面的身心耗竭状态。通常志愿者易出现的心理问题是情绪枯竭及相应的身心反应，常见的志愿者的心理反应为：

（1）因过度地为受灾者的惨痛遭遇感到悲伤、忧郁而产生情感枯竭：①个体不能像原来那样对他人倾注感情了，丧失工作热情，如同情感资源枯竭了一样。②去人性化。对他人再无同情心可言，甚至冷嘲热讽，把人当做一件无生命的物体来看待。③成就感和意义感降低。在工作中体会不到成就感，觉得任何事情意义都不大，积极性丧失，不再付出努力。

（2）救援人员可能出现的躯体症状：极度疲劳，休息与睡眠不足，产生生理上的不舒服（如做噩梦、眩晕、呼吸困难、肠胃不适等）；注意力无法集中以及记忆力减退；喝酒、抽烟过量等。

（3）极力想控制自己的情绪反应，担心、害怕自己会崩溃。

（4）为救灾不顺而感到难过、精疲力竭，甚至生气、愤怒，感到无能为力、困惑、孤独，有罪恶感或觉得对不起死者的家属。

（5）沉浸于救灾过程中，直接或间接地，一再投入地或不由自主地再次体验创伤体验。

（6）增加或减少活动的水平，社交活动减少，人际关系困难，甚至出现家庭暴力。

二、志愿者的自我心理调节

1. 认知和观念调整

（1）肯定自己的这些心理反应，如悲伤、挫败感、罪恶感、愤怒、焦虑等，都是正常的，是人在这种情境下的正常反应，并不是自己所独有的反应。

(2) 灾难中有许多人受伤，也有许多人死去，这是谁也不愿意看到的，也不是谁有意造成的。出于爱心，自愿为灾区付出时间、精力和金钱，志愿者已经做了大多数人想做却未能做的事。志愿者的努力，在救灾工作中是必不可少的一部分。

(3) 尽管在灾难中所做的哪怕只是一些微不足道的事，但却是不可缺少的，正是由于志愿者的付出，才使整个救灾工作能更好地开展。

(4) 灾难总是偶然发生的，并不是生活的主旋律。正因如此，让我们祈祷逝者安息，但更要珍惜现实中的人，包括自己。

2. 积极寻求社会支持

在这种情况下，悲伤和忧郁都是正常的，接受自己的感觉并将这些感觉与其他人分享，可多与其他志愿者交流，也可与那些未参加救灾工作的朋友分享，获得理解与支持。

3. 适当宣泄

学习以适当的方式宣泄自己的情绪，如写作、绘画、唱歌或运动。转移注意力，多关注身边那些充满生命力的东西，重塑积极的情绪反应。

4. 保证体力和作息

适时让自己休息，加强锻炼，增强身体素质以提高应激能力。

5. 保持宽容心态

对身边的人和事多些宽容，不只是志愿者抱着满腔的爱心来支援灾区，其他人也一样，也在尽自己的努力使灾难的损失降低。那些未能参加救灾的人并不是无动于衷，只是出于各种原因未能亲临灾区，不能因此而否定他们的心意，志愿者做到了他们所没有做到的，应该感到自豪。

6. 积极看待人生

将救灾工作当成人生中一次绝无仅有的经历，可以记录在人生历程中，但却不要将其当做人生的全部。多想想自己曾有过的理想，那些还未能实现的愿望，列出下一步需要完成的事情的清单，重新找到自我生存、他人生命的重大意义，乐观地面对未来。

7. 增加休闲活动

尝试不做负责人或“专家”，对自己的心理放松与帮助他人同等重要。

8. 寻求专业援助

当自己无法调节情绪和想法时，请找专业咨询人员，共同努力。

参考文献

[1] [美] 艾里克·J. 马施，大卫·A. 沃尔夫. 儿童异常心理学 [M]. 孟宪璋等译. 广州: 暨南大学出版社，2004

[2] [美] Arthur E. Jongsma, Jr., L. Mark Peterson & William P. McInnis. 儿童心理治疗指导计划 [M]. 田璐，梁凌寒等译. 北京: 中国轻工业出版社，2005

[3] [美] B. E. Gilliland & R. K. James. 危机干预策略 [M]. 肖水源等译. 北京: 中国轻工业出版社，2000

[4] [美] John Briere & Catherine Scott. 心理创伤的治疗指南 [M]. 徐凯文，聂晶，王雨吟，张怡玲译. 北京: 中国轻工业出版社，2009

[5] Kassam - Adams N. *The Risks of Treating Sexual Trauma: Stress and Secondary Trauma in Psychotherapists* [M]. Lutherville. MD: Sidran Press, 1995

[6] [美] Sharon L. Johnson. 心理诊断和治疗手册 [M]. 卢宁泽译. 北京: 中国轻工业出版社，2008

[7] [美] Tammi D. Kolski, Michael Avriette & Arthur E. Jongsma, Jr. 危机干预与创伤治疗方案 [M]. 梁军译. 北京: 中国轻工业出版社，2004

[8] Weathers F. W., Blake D. D., Krinsley K. E., etal. *Reliability and Validity of the Clinician—Administered PTSD Scale: Reliability and Construct Validity* [M]. Manuscript Submitted for Publication, 1997

[9] Wee D., Myers D.. *Stress Response of Mental Health Workers Following Disaster: The Oklahoma City Bombing* [M]. New York: Brunner - Routledge, 2002

[10] [意大利] 伊娃·帕蒂丝·肇嘉. 沙盘游戏与心理疾病的治疗 [M]. 刘建新等译. 广州: 广东高等教育出版社, 2006

[11] 高天. 音乐治疗导论 [M]. 北京: 世界图书出版公司, 2008

[12] 胡佩诚. 心理治疗 [M]. 北京: 中国医药科技出版社, 2006

[13] 李虹. 压力应对与大学生心理健康 [M]. 北京: 北京师范大学出版社, 2004

[14] 马一波, 钟华. 叙事心理学 [M]. 上海: 上海教育出版社, 2006

[15] 孟沛欣. 艺术疗法——超越言语的交流 [M]. 北京: 化学工业出版社, 2009

[16] 申荷永, 高岚. 沙盘游戏 [M]. 广州: 广东高等教育出版社, 2004

[17] 施琪嘉. 创伤心理学 [M]. 北京: 中国医药科技出版社, 2006

[18] 郜启扬. 减压阀——职场心理压力 [M]. 北京: 社会科学文献出版社, 2006

[19] 王金道, 刘勇, 郭念峰. 临床疾病心理学 [M]. 北京: 北京师范大学出版社, 1994

[20] 王晓菁. 让爱一路陪伴: 灾后心理救助手册 [M]. 北京: 中国人民大学出版社, 2008

[21] 曾文星. 分析的学理与治疗过程 [M]. 北京: 北京医科大学出版社, 2002

[22] 张伯源. 变态心理学 [M]. 北京: 北京大学出版社, 2005

[23] 张仲明, 李世泽. 心理诊断学 [M]. 重庆: 西南师范大学出版社, 2005

[24] 郑希付, 张皓. 地震灾后心理康复完全手册 [M]. 广州: 暨南大学出版社, 2008

[25] Ducrocq F., Vaiva G., Cottencin O., Molenda S. & Bailly D.. Post-traumatic Stress, Post-traumatic Depression and Major Depressive Episode: Literature [J]. *Encephale*, 2001, 27 (2)

[26] Mark Creamer, Richard Bell, Salvina Failla. Psychometric Properties of the Im-

pact of Event Scale-Revised [J]. *Behaviour Research and Therapy*, 2003 (41)

[27] Mueser K. T., Salyers M. P., Kosenberg S. D., etal. Psychometric Evaluation of Trauma and Posttraumatic Stress Disorder Assessments in Persons with Severe Mental Illness [J]. *Psychological Assessment*, 2001, 13 (1)

[28] 杜建政，夏冰丽．急性应激障碍（ASD）研究述评［J］．心理科学进展，2009，17（3）

[29] 韩媛媛，田媛媛，梁黎等．汶川地震后绵竹市高中学生心理健康状况及其相关因素研究［J］．神经疾病与精神卫生，2009，9（1）

[30] 黄国平，张亚林等．事件影响量表—修订版（IES-R）在女性犯人中的信度、效度分析［J］．中国心理卫生杂志，2006，20（1）

[31] 雷鸣，张庆林．创伤后心理复原的生理机制［J］．心理科学进展，2009，17（3）

[32] 刘玲爽，汤永隆，张静秋等．5·12四川地震灾民安全感与PTSD的关系［J］．心理科学进展，2009，17（3）

[33] 刘贤臣，马登岱，刘连启等．心理创伤后应激障碍自评量表的编制和信度效度研究［J］．中国行为医学科学，1998，7（2）

[34] 罗非，罗劲，吴一兵等．脑功能可塑性与灾后心理功能康复［J］．心理科学进展，2009，17（3）

[35] 马永霞．眼动脱敏和再加工（EMDR）治疗技术介绍［J］．中外健康文摘，2008（1）

[36] 祁娜，崔玉玲．106例急性应激障碍患者的心理状况及个性特征［J］．中国卫生统计，2007，24（6）

[37] 孙海霞，杨蕴萍．眼动脱敏与再加工治疗现状［J］．中国临床心理学杂志，2004，12（3）

[38] 申远等．澳大利亚成人急性应激障碍和创伤后应激障碍治疗指南［J］．国际精神病学杂志，2008，35（3）

[39] 陶塑，王芳，许燕. 5·12汶川地震后灾区教师主观幸福感的变化趋势及中介效应分析 [J]. 心理科学进展，2009，17 (3)

[40] 汪向东，王希林，马弘. 心理卫生评定量表手册 [J]. 中国心理卫生杂志，1999 (12)

[41] 王新珠. 心理咨询师的替代性心理创伤与应对 [J]. 沈阳教育学院学报，2010，2 (12)

[42] 魏云. PTSD鉴别诊断 [J]. 心理与健康，2006 (8)

[43] 伍泽莲，何媛媛，李红. 灾难给我们的心理留下了什么? ——探析创伤心理的根源及创伤后应激反应/障碍的脑机制 [J]. 心理科学进展，2009，17 (3)

[44] 辛久岭，吴胜涛，吴坎坎. 四川灾区群众社会支持系统现状及其与主观幸福感的关系 [J]. 心理科学进展，2009，17 (3)

[45] 许思安，杨晓峰. 替代性创伤：危机干预中救援者的自我保护问题 [J]. 心理科学进展，2009 (17)

[46] 张静秋，汤永隆，邓丽俐. 5·12四川地震灾民社会支持的调查 [J]. 心理科学进展，2009，17 (3)

[47] 张倩，郑涌. 创伤后成长：5·12地震创伤的新视角 [J]. 心理科学进展，2009，17 (3)

[48] 张树林，高雪屏. PTSD症状自评量表的信效度初步评价 [J]. 中国心理卫生杂志，2005 (6)

[49] 张雨青，吴坎坎，Peter Tianzhi Chen. 灾后民众创伤后应激障碍（PTSD）与事件冲击量表（IES）的发展和应用 [J]. 心理科学进展，2009，17 (3)

[50] 赵国秋，汪永光，王义强. 灾难中的心理危机干预——精神病学的视角 [J]. 心理科学进展，2009，17 (3)

[51] 郑宁. 眼动脱敏治疗（EMDR）的应用 [J]. 中国心理卫生杂志，1997，11 (4)

[52] 中国青年报．地震后人们会出现哪些心理反应，如何应对［N］．中国青年报，2008－05－14

[53] 李涛．心理学家提醒：过度关注灾害也会有创伤［N］．中国青年报，2008－05－26

[54] 专家介绍八种方法缓解震后心理情绪不良反应［N］．新闻晚报，2008－05－13

[55] 方奕晗．地震之后我们如何面对？心理问题如何解决［N］．中国青年报，2008－05－15

[56] 杨晓云．医科大学生创伤后应激障碍的生成、归因及干预实验研究［D］．辽宁师范大学博士研究生学位论文，2007

[57] 董晓侬．伸出援手，你准备好了吗［R］．2008－06－02

[58] 王浩威．灾难：从发生到复原——心理卫生专业人员工作手册［P］．中华心理卫生协会张珏常务理事提供，中华心理卫生协会统筹策划翻译，中研院，蕃薯藤［921 家园重建］（http：//www. yam. com. tw/921）及心灵园地（http：//www. psychpark. net）

[59] 为汶川地震幸存者心理辅导编写——心理援助指导手册［P］．复旦大学心理学系，复旦大学心理研究中心，2008

[60] 中国科学院研究生院，中国社会心理学会组织．抗震救灾　众志成城——志愿者心理援助读本［P］．北京奥运会志愿者工作协调小组办公室，2008

[61] 陈竹．如何抚慰灾后创伤的心灵．http：//www. caijing. com. cn/2008－05－18/100063097. html

[62] 非灾区的儿童也需要心理干预．新浪教育．http：//www. sina. com. cn 2008－05－23

[63] GUO 疾控中心精神卫生中心（北京大学精神卫生研究所）．地震救灾心理援助．http：//www. moh. gov. cn/publicfiles/business/htmlfiles/mohwsyjbgs/pkzfb/200805/35292. htm

[64] 甘甜．地震后除了安慰我们还能做什么．健康网社区．http：//xl. 39. net/

xltm/085/14/427143. html 39

[65] 贺凤丽. 给灾难中的人一个心理支持. 健康网社区. http://www.39.net, 2008-05-19

[66] 怀孕手册. 太平洋亲子网. http://www.pcbaby.com.cn

[67] 认养灾区孤儿需要有哪些心理准备. 新浪教育. http://www.sina.com.cn, 2008-05-23

[68] 如何避免对孩子造成的二次心理创伤. 新浪教育. http://www.sina.com.cn, 2008-05-23

[69] 唐晓芸, 翁炫. 心理专家赴地震灾区现场调查——89%学生失去朋友. 新浪教育. http://www.sina.com.cn. 2008-05-21

[70] 西南大学抗震救灾心理援助队. 灾后家长应对伤残或失去至亲孩子的方法. http://www.swnu.edu.cn/index.html

[71] 心理自救互救宣传手册二: 抗震救灾中儿童心理应激反应的预防与处理. http://www.moh.gov.cn/publicfiles/business/htmlfiles/mohwsyjbgs/pkzfb/200805/35292.htm

[72] 易春丽. 孤儿心理早期干预的指导原则. http://blog.sina.com.cn/u/1261190490

[73] 孕育知识. 中国孕育网. http://www.5721.net

[74] 灾后儿童及青少年家长心理自助注意事项. Lzszi 中国教育计划. http://blog.vsharing.com/zhp

[75] 灾后孕产妇保健手册, 四川地震灾区妇幼卫生重建网. http://www.earthquakemch.org.cn/ArticleClass.asp? ID=58&ArticleClass

[76] 灾区心理救援盲目热情可能引发负作用. 财经网. http://www.sina.com.cn, 2008-05-19

[77] 赵丞智. 灾难后紧急心理救援: 重建心灵家园. http://bbs.zgzyz.org.cn/x-space/? uid-50965-action-viewspace-itemid-1005, 2008-06-05

[78] 肢体（脑瘫）残疾人的心理特征．第 29 届奥林匹克运动会网站．http：//www. beijing2008. cn/33/82/article214008233. shtml

[79] 中国心理学会．灾难中我们怎样帮助自己．中国心理网．http：//www. psych. gov. cn/article/article_ view. asp？ id =9955

[80] 周振基．关于震后心理救助的紧急呼吁．中国新闻周刊．http：//www. sina. com. cn，2008 -05 -26

[81] 邹光宇．心理危机救助手册．深圳晴天心理咨询中心．http：//www. fineday. cn

[82] 20 名残疾人援助灾区——残疾人心理互助好样本（图）．湖南电视台 - etv 法制周报